아파트, 아는 만큼 내 집 된다

아파트,
아는 만큼
내 집 된다

초판 1쇄 발행 2015년 2월 22일
2쇄 발행 2015년 10월 1일
개정판 1쇄 발행 2017년 11월 1일

지은이   최성규
발행인   권선복
편집주간   김정웅
디자인   김소영
전자책   천훈민
마케팅   권보송
발행처   행복한 에너지
출판등록   제315-2011-000035호
주　소   (157-010) 서울특별시 강서구 화곡로 232
전　화   0505-613-6133
팩　스   0303-0799-1560
홈페이지   www.happybook.or.kr
이메일   ksbdata@daum.net

값 15,000원

ISBN 979-11-954239-4-1   13320

Copyright ⓒ 최성규, 2015

* 이 책은 저작권법에 따라 보호받는 저작물이므로 무단전재와 무단복제를 금지하며, 이 책의 내용을 전부 또는 일부를 이용하시려면 반드시 저작권자와 〈행복한 에너지〉의 서면 동의를 받아야 합니다.

행복한 에너지는 독자 여러분의 아이디어와 원고 투고를 기다립니다. 책으로 만들기를 원하는 콘텐츠가 있으신 분은 이메일이나 홈페이지를 통해 간단한 기획서와 기획의도, 연락처 등을 보내주십시오. 행복한 에너지의 문은 언제나 활짝 열려 있습니다.

에세이처럼 쉽고 재밌는 '아파트 분양 & 부동산 상식'

아파트, 아는 만큼 내 집 된다

최성규 지음

행복한에너지

프롤로그

이 책에 실린 내용은 평소 생각날 때마다 그때그때 블로그에 올린 글들입니다! 개업공인중개사로서 아파트 분양 시장에서 몸으로 일하며 느낀 생각들이지요!

대구 지역 최근 4년간 아파트 분양시장은 온전히 활황이었으며, 2011년~2014년까지 약 100여 개 대구지역아파트 분양현장에는 빠짐없이 발로 뛰었습니다! 따라서 이론이 아닌 현장 중심의 글이란 걸 염두에 두시고 읽어 주시기 바랍니다!

통계를 바탕으로 한 거창한 경제학 이론은 아닙니다! 실물시장에서 이루어져 가는 현상을 있는 그대로 보고 판단하였으므로, 시장 중심적인 관점에 충실했다는 것만은 자신있게 독자들에게 말씀드릴 수 있습니다.

그럼에도 불구하고, 이 책에 실린 글들은 어디까지나 저의 개인소견이란 걸 말씀드립니다! 따라서 글의 맥락은 다분히 주관적일 수밖에 없음을 염두에 두고 읽어주시기 바랍니다!

글에 따라서는 정답일 수도 정답이 아닐 수도 있을 것입니다!

   그러나 꼭 정답을 찾아내야 되는 것은 아님을 저는 아파트 분양시장에서 늘 느낍니다! 역설적으로 본다면 오히려 정답이 없는 시장이 바로 아파트 분양시장이더라는 말이지요! 앞으로 또 시대가 바뀌면 관점도 새롭게 바뀐다는 사실도 염두에 두셔야 할 것입니다.

   물론 이론과 통계와 외부환경 등등 과학적 분석도 굉장히 중요합니다만, 제가 현장에서 직접 뛰어 본 결과로는 실물시장은 과학적으로만 돌아가지 않더란 말이지요! 때론 심리적인 측면이 굉장히 많이 작용하는 현장이 바로 아파트 분양시장이더라구요! 즉 분양시기라든지, 분양전략이라든지, 홍보라든지, 본보기집 분위기라든지… 뭐 이런 거 말입니다.

   이 책의 글들도 그런 분위기가 느껴질 수 있고 조금은 어설프기도 할 것입니다! 하지만 어느 페이지, 어느 구절도 제가 겪지 않은 걸 덧칠하고 꾸민 것은 없다고 감히 말씀드립니다!

   개인 블로그에 올린 글들로 엮다 보니 사투리가 섞이고 글이 투박한 점, 너그러이 양해 바랍니다. 굳이 표준어로 바꾸지 않은 것은 그마저도 꾸미는 것 같은 느낌이 들어 그냥 둔 것입니다!

2011년의 대구 아파트 분양시장과 4년이 지난 지금의 대구아파트 분양시장은 전혀 딴판입니다. 따라서 일부 글의 내용이 지금 분위기와 맞지 않는 면이 없지 않아서 작성일자를 넣었으니, 글 쓴 시점의 대구아파트시장을 유추하여 그려 보시면 오히려 과거와 현재의 흐름을 반추할 수 있어서 도움이 될 것입니다!

대구 외 타지역, 특히 수도권에 사시는 분들은 당장은 제 글에 공감 못하실 분들도 많으실 것입니다! 하지만 대구라는 특정시장에서의 흐름은 타지역에서도 아주 좋은 표본이 될 수도 있음을 염두에 두시고 읽으시면 좋겠습니다.

저를 아껴주시는 블로그 이웃님들과 저를 믿어주시는 저의 고객님들께 감사드립니다! 이 책을 내게 해 주신 분들은 바로 그분들입니다!

출판지원을 해주신 행복에너지 권선복 대표님과 직원들께도 고마움을 전합니다!

2015년 1월
대구 범어동에서
최성국

초판을 발행한 지 3년이 다 되어 갑니다. 요즘 책 읽기를 유난히 싫어하는 시대임에도 2쇄까지 완판을 해 주신 성원에 감사드립니다.

시중에 넘쳐나는 재테크 중심의 글이 아니고 어디까지나 일반적 상식적인 기본서임에도 불구하고 사랑해주신 독자 여러분들께 다시 한번 고마움을 전합니다.

내집마련을 하려는 실수요자들께서 방향성을 제대로 잡고 가족들의 행복한 삶의 터전을 마련하는 데 이 책이 일조를 했다면 더없는 보람으로 여기겠습니다.

그동안 빠르게 변해가는 부동산 시장의 흐름과 정책규제에 맞춰 규정이 변경된 것은 수정 또는 삭제하고 새로운 글을 추가하여 개정판을 내게 되었습니다.

늘 즐거운 일상들 되십시요!

2017년 7월
대구 범어동에서

최성국

CONTENTS

# 4	프롤로그
# 16	아파트 수분양자가 머꼬?
# 18	요즘 아파트, 몇 층이 로얄층일까요?
# 20	인간들은 왜 자꾸 고층으로만 올라가려 할까?
# 22	아파트 최상층엔 어떤 사람들이 살까?
# 24	아파트 1층엔 누가 살까요?
# 27	아파트 동향(東向)에는 누가 살까?
# 30	층간 소음은 어른들의 문제다
# 32	아파트는 공동체인가 과연?
# 34	집의 방향을 쉽게 보는 법
# 36	아파트는 겨울에 골라야 되다는 건 상식이다
# 38	분양결정 때 주변 분들에게 물어보면 긍정적인 답이 나올까요?
# 40	지하철 역세권은 우리 생활에 어떤 의미?
# 42	지하철 역세권의 범위는 어디까지일까?
# 44	기차역(KTX) 역세권의 범위는 어디까지일까?
# 46	아파트 조망권(view=경관, 전망)의 가치
	(1) 조망이란 무엇인가? (2) 조망과 일조량의 관계 (3) 조망과 층수의 관계 (4) 조망과 向의 관계 (5) 조망과 소음의 관계 (6) 조망권의 종류 (7) 조망권의 값은?
# 59	발코니 확장시대, 아파트 뒷조망도 가치가 있다
# 61	조망권에는 주인이 없다!

# 62	조망권에는 주인이 있다!
# 64	멋진 조경이 아파트의 가치를 높이는 시대다
# 67	집의 가치를 아는 사람만이 집의 진정한 주인이다
# 70	발코니 올 확장, 무조건 좋은 것인가?
# 73	발코니 확장비용도 취득세에 포함되나요?
# 74	주택청약종합저축 1순위 납입회차 산정 허점 하나!
# 77	아파트 당첨 부적격자는 어떤 불이익을 받나?
# 80	아파트청약 시, 소형 저가주택 주택 수의 제외 기준은?
# 82	아파트청약 시 당해, 기타는 무슨 뜻인고?
# 84	땡전 한 푼 없이 청약예금 유지하는 방법
# 86	요즘 아파트 1순위 청약경쟁률에 대하여
# 88	청약 고 경쟁률엔 마음 비우는 것이 건강에 좋다
# 90	당첨발표 전엔 동일 통장 타 아파트 중복청약 가능, 당첨발표일이 같으면 불가능
# 91	아파트청약 시 주택소유 여부에 부부는 무조건 합산한다
# 93	특별공급을 분양세대수가 적은 단지도 하나?
# 94	특별공급, 왜 하나?
# 95	특별공급, 어떤 게 있나?
# 97	아파트청약 후 가점카트라인 얼마?
# 98	걱정스런 대구아파트 분양 분위기 한 장면

#100	당첨 후 계약할까? 말까? 시장(市場)에서 답을 찾아라
#103	대구사람이 보는 서울발 부동산뉴스의 불편한 진실
#106	대구아파트 분양시장을 아직 모르는 이는 억수로 행복한 사람이다
#108	둘 중 어느 아파트가 더 좋으냐? 단답식 질문에는 대답 못한다
#110	타워형 아파트 선택하는 법
#112	3베이와 4베이의 의미와 장단점
#118	분양아파트 조감도 어떤 걸 봐야 정확할까?
#120	소형(20형대) 아파트 심층분석. 요즘 왜 인기일까?
#123	최근 주목받는 필로티 2층
#125	전매(轉賣)란 무슨 뜻인교?
#127	분양권 전매금지 기간에 불법전매 하지 마라
#129	아파트분양권 시장. 이론과 현실은 다르다
#132	아파트분양권 프리미엄은 웃돈의 성격일까?
#135	분양권의 기준. 당최 언제까지를 말하나?
#136	프리미엄의 기준. 당최 언제까지를 말하나?
#138	등기 후 매매 시에는 분양권일 때보다 얼마나 더 반영되어야 맞나?
#139	분양권 매매횟수만큼 매매계약서 원본이 다 있어야 등기할 수 있다
#143	분양권투자의 유의점
	(1) 장기적으로 내다보라 (2) 그 단지에서 제일 로얄에 투자하라 (3) 물릴 수 있다는 걸 항상 염두에 두라 (4) 면적에 따라서 접근을 달리해야
#149	투자냐 실수요자냐의 구분은 실익이 없다. 아파트분양권

- \# 151 　매수가 중요하나? 매도가 중요하나? 아파트분양권
- \# 152 　실입주자가 가장 큰 투자자다
- \# 154 　분양권투자. 수익도 있고 손해도 있다
- \# 156 　P가 낮을 때보다 높아졌을 때 매수심리가 더 높다
- \# 159 　신규아파트 분양받는 방법

　　　　(1) 내가 당첨된 호수에 절대 연연하지 마라! (2) 청약통장은 경쟁률 제일 센 곳에 넣어라 (3) P 주고 앞동 분양권 살까? P 없는 미분양 뒷동 분양받아?

- \# 163 　프리미엄. 혼자 독차지할라 카다가는 배탈난다
- \# 165 　프리미엄 2~300만 원 아깝다는 쪼잔한 사람은 아예 집 사지 말라구요!
- \# 168 　부동산업자 물건이 개인 물건보다 훨씬 싸다
- \# 170 　자기가 제일 고점에서 판 사람이길 원하는 사람
- \# 172 　집을 집주인에게서 사지 마라
- \# 175 　사고팔 때는 융통성을 가지자
- \# 177 　시장을 몰라야 시장이 형성된다
- \# 180 　상승기에는 최고호가가 조정기에는 최저호가가 시장을 주도한다
- \# 183 　주택시장에서는 바람이 제일 무섭다!
- \# 185 　집 한 채를 가지고 롤러코스터를 타다가는 추락할 수 있다
- \# 186 　삶의 터전인 집에 대한 접근은 억수로 겸손해야
- \# 188 　집을 팔았으면 다시는 돌아보지 마라!
- \# 190 　자기가 살 집을 남에게 결정해달라?
- \# 191 　라운드형 발코니. 그립지 않습니까?

192 묻지마 3순위 청약, 과연 로또를 기대했을까?
194 바야흐로 초등학교 학군 시대가 왔다!
196 아파트 주방구조를 보는 눈이 억수로 독특한 어느 고객
197 아파트 평수의 함정

(1) 아직도 평당 얼마냐?묻는 답답한 사람들 (2) 전용면적과 분양면적을 확실히 이해해야 한다 (3) 발코니면적이 요즘 억수로 중요하다

202 30년간 1년만기 정기예금이율 변동내역 분석
204 취득세 영구인하 최대수혜자는 다주택자 투자자이다
206 분양아파트 취득세는 언제까지 내야 하나?
207 신규아파트 취득세 과표에 프리미엄을 포함한다
209 취등록세란 말은 없다. 등록세 폐지 통합된 지 오래다
210 취득세에 교육세와 농어촌특별세가 붙는데…
212 소액임차인 최우선변제금 상향개정시행 2014. 1. 1부터
215 강남아파트 한 채 = 지방 4채+5,000만 원. 이런 제목은 사람 기분 나쁘게 한데이
216 LH 휴먼시아, 브랜드가 애법 괜찮았는데 말이죠
219 이제 진짜 평(坪)을 못 씁니다!
220 천편일률적인 아파트 모델하우스 꼭 필요한가?
222 모델하우스는 하루 종일 통화 중
224 '본보기집'이라는 우리말이 너무 예쁘다!
225 요즘 대구는 아파트 분양소식 올리기가 겁난다

# 226	아파트, 아는 만큼 피곤하다!
# 228	부동산사무실에 상담전화하는 요령
# 231	어른이 인사해야 겨우 받아주는 새 아파트 젊은 이웃!
# 232	친절도와 매도매수우위는 반비례한다
# 233	친한 공인중개사와 관계를 지속적으로 하라!
# 234	부동산 사무실을 만나지 말고 중개사를 만나자
# 236	공인중개사도 퇴근한다
# 238	공인중개사인 내가 내 껄 다른 공인중개사에 의뢰해서 팔 때 복비를 줄까요? 말까요?
# 240	신뢰 충만한 양반고객님은 꼭! 챙겨드리고 싶어요~
# 242	약속해놓고 연락 뚝~하는 고객님은 미워요!
# 244	약은 고양이 밤눈 어둡다
# 247	전화 고객이 불러주는 나의 명칭은 가지각색~
# 248	국민들보다 못한 한심한 고위공직자 위장전입
# 250	때론 고객이기보다는 소탈한 친구가 되어주는 것이 더 좋다
# 252	오피스텔과 아파트의 차이
	(1) 실거주냐? 임대냐? 소유 목적의 태생적 차별성 (2) 내가 좋아야? 임차인이 좋아야? (3) 임씨는 어떤 사람일까? (4) 임씨는 남향과 고층만을 고집할까? (5) 이웃일까? 경쟁자일까? (6) 세대수가 많아야? 적어야? (7) 실사용면적, 발코니 있나? 없나? (8) 오피스텔은 전용면적으로 판단해야 (9) 주차대수가 많나? 적나?
# 266	출간후기

아파트,
아는 만큼
내 집 된다

아파트 수분양자가 머꼬?

분양자, 수분양자 카는데?
분양자는 머꼬? 수분양자는 머꼬?

이 문제의 핵심은 바로 한자 수受의 의미다.
受=받을 수
더 설명 할 필요 없지유?

분양한 넘이 분양자(분양주체, 시행사)이고 분양받은 넘이 수분양자잖아.

예를들면 LH가 분양자고 분양받은 넘이 수분양자다. 주로 LH 분양계약서에 수분양자라는 말이 적혔더라구. 다른 회사들은 용어가 매수자니 뭐니 등등 중구난방이더만.

그라마, 분양받은 넘이 아이고 전매해서 산 넘은 뭐냐구? 들어치나 메치나 똑 같지 않수? 수분양자의 지위를 이어받은 넘이니깐두루 똑같은 수분양자 아니유?

혹시나? 오데 가가꼬 자랑한다꼬 "난 ○○아파트 분양자다."
이리 말하지 마시라! 무식이 탄로난다구.

요즘 아파트, 몇 층이 로얄층일까요?

80년대.

5층짜리 아파트 시대엔 2, 3층이 로얄층이었다. 왜? 엘레베이트가 없기 때문이다. 주위에 고층빌딩도 별로 없던 시절이었다. 5층까정 올라 댕길라카면 식겁하제. 촌에서 쌀자루라도 메고 왔다 카면 죽음이다. 나도 4층이 살아봤는데, 어깨에 쌀자루를 꽤나 둘러매고 올라댕겼다구!

90년대.

15층짜리 아파트 시대엔 8~12층이 로얄층이었다. 너무 높으마 땅에서 너무 멀어서리 안 좋고, 너무 낮으마 햇살이 안 들어온다 카이…. 따라서 중간층을 선호하는 분위기였던 것이다. 뭐, 주위에 15층 이상 되는 그리 높은 건물이 없었기 때문이기도 하다.

지금은?

고층아파트 시대이다. 대구도 인제 분양했다 카면 보통 20~30층대, 주상복합은 50층대이다. 한 층이라도 더 높을수록 로얄층이다. 즉, 최상층 바로 아래층이 최고 로얄로 대접받는다 카이….

이유가 뭘까?

그동안 도시는 건물이고 아파트고 간에 높이높이 지어왔다. 이젠 어지간히 높아서는 일조권이고 조망권이고 침해받기 십상이다. 빌딩이고 아파트고 간에 좁은 땅에서 다닥다닥 하늘높이 기올라간다. 그러다 보니 같이 높이 기올라가야 가슴이 탁 트이고 시야가 확보되고 햇살이 쬐인다.

꼭대기층에 대한 기피현상은 이제 거의 없어졌다. 오히려 높은 층을 찾는 사람이 눈에 띄게 늘어났다. 기술의 발달로 측벽세대(갓집)에 대한 기피현상도 거의 없어졌다. 여기에는 젊은 세대의 고층 선호도 한몫한다.

제일 높은 층이 제일 로얄층이다.
요즘은 다들 남보다 한 층이라도 더 높이 기올라갈라 칸다 카이….   〈2011. 10. 6〉

인간들은 왜 자꾸 고층으로만 올라가려 할까?

요새 아파트 지었다카면 20~30층은 기본이제. 거기다가 로얄층은 위에서 밑으로 내려온다.

인간들은 말라꼬 기를 쓰고 높은 곳으로만 올라갈려 할까? 나는 이런 현상을 내 나름대로 억수로 주관적인 관점에서 결론지어볼까 한다.

산에 댕기다 보면, 생전 처음 산에 기들어갈 때는 백이면 99명이 정상을 몬 밟는다. 대개가 중간쯤에서 그냥 퍼질고 앉아서리 도시락이나 까묵고 노지락거리다 기내려온다. 그러곤 하는 말이 "하이고, 정상에 낑낑대고 올라가봤자 다부로 기내려올텐데 말라꼬 그라 고상하노?"이다.

나도 처음엔 그랬다. 그러다가 차츰차츰 8부 능선까지로, 그러다가 다시 정상을 밟게 되었는데 정상을 한번만 딱 밟아보고 나면 '아… 정상을 밟는 기분이 이거구나….' 한다. 기가 차고 똥이 차는 조망에 감탄사를 연거푸 늘어놓지.

정상 조망은 중간에서 내려다보는 조망하고는 쨉이 안 되거든. 그 다음부터는 인제 산만디에 갔다 카면 정상을 안 밟고는 등산했다고 말 안해요.

또 가장 높은 곳에 앉아서 아랫동네를 내려다보는 쾌감, 우월감…. 뭐 이런 것도 무시 못해. 사회에서 핵교에서는 일등 묵기 억수로 어렵은디, 산만디에선 쪼매만 땀 더 흘리면 일등 묵걸랑.

어쩌다가 아파트 우리 라인 엘레베이터에서 윗집 아저씨 만나면 은근히 기분 나빠질라 카데. 근데 어쩌다 아랫집 아저씨 만나면 은근히 우월감이… 하하.

어떨 때 새벽에 윗집에서 화장실 물 내리는 소리, 그거 기분 억수로 껄쩍찌근하잖아. 윗집 아저씨 만나면 그 생각이 나서 속으로…

"흐흐, 이 짜쓱이 그 자쓱이군."

뭐 이런 중얼거림도… 하하~ 농담임.

그리고 이건 더 나의 생뚱맞고 주관적인 생각일 뿐이지만, 남보다 더 위에 사니깐 우월감이랄까? 뭐 이런 것도 있달까? 오줌을 누더래도 남보다 위에서 누고 싶은 뭐 그런….

근데 말 되남?

아님 말고…. 〈2013. 1. 7〉

아파트 최상층엔 어떤 사람들이 살까?

요즘 아파트 지었다카면 20층~30층, 더 높이는 50층 이상이다.

대구에도 50층 아파트 몇 개 있다. 근데 고급 대형 아파트 산다꼬 그 사람 자체가 높은 사람은 결코 아니다. 이름도 뭐시 '리더스뷰'니 카면서 고급(돈 있는) 수요자들 자극하는 이름이지만도, 이 세상엔 사람 위에 사람 없고 사람 밑에 사람 없데이. 높은 데, 비싼 데 살수록 땅바닥에 기내려왔을 땐 고개 숙여야 되구만은…. 벼는 익을수록에 고개를 숙이걸랑~
근데 쓰다 보니 옆길로 쎄뿟넹~

최상층(꼭대기층)에 사는 사람들은 어떤 분들일까? 정답은 바로 최상층에 살아 본 사람들이다.(특히 젊은 사람 중심으로)
나는 항시 현장에서 일하는 사람이기 땀시로, 이것도 현장에서 통계적으로 본 사실을 가지고 말하고 있다. 최상층에 살아 본 사람들은 다른 아파트로 갈아탈 적에도 꼭 최상층만 찾더라 카이.

반대로 최상층에 안 살아 본 사람은? 안 살아 본 사람들은 거의 최상층을 찾지 않는다.
그 이유는? 살아보지 않았기 때문에 별반 이유 없는 그냥 막연한 거부감 같은 거 아닐까?(하지만 요즘

은 조망을 좋아하는 사람이나, 젊은 층을 중심으로 안 살아본 사람들에게도 선호도가 올라가고 있다)

그럼 최상층에 살아 본 사람은 최상층만 찾는다는 게 무슨 의미일까? 바로 최상층이 살기 좋다는 말이 아닐까? 요즘엔 기술도 향상되어 방수나 단열이 잘 되기 때문에 꼭대기층에 살아도 뭐 특별한 하자라든지 뭐, 그리 불편한 점을 몬 느낀다는 말도 될 것이고…. 또 층간소음에 시달려 본 사람도 다음 번엔 죽어도 최상층을 찾는다.

최상층은 나중에 누구에게 팔아야 되나? 바로 최상층에 살아 본 사람에게 팔아야 한다.(바로 매도할 때 수요자가 한정돼 있으니 쪼매 기간이 걸린다)

아파트 최상층에 대한 평가, 이제는 달라져야 할 시기이다. 팬티하우스, 아 참 팬티가 아니고 펜트하우스도 짓고, 또 어떤 곳은 다락도 지어 분양가를 더 받는 데도 많다.(최상층에서는 아무도 보는 이 없으므로 팬티만 입고 댕겨도 된다라는 의미에서 팬티하우스라고 하자. 고마)

이름도 그전에는 꼭대기 꼭대기 이랬는디, 시방은 최상층이라 안카나…. 최고 높다는 말이제. 최상층에 살면 최고 높은 사람인 기라. 히히.

〈2013. 1. 26〉

아파트, 1층엔 누가 살까요?

앞에서 '아파트 최상층엔 누가 살까?'라는 글을 썼다. 반대로 1층엔 누가 살까나?

최상층에는 최상층에 살아 본 사람들이 다시 최상층을 찾는다꼬 했다. 그카마 1층엔 살아 본 사람도 다시 1층을 찾을까? 천만의 말씀 만만의 콩떡이다. 살아 본 사람은 담엔 절대로 1층에 안 살라 칸다.

왜일까? 간단하게 말한다면 1층에 살려면 아파트라는 게 필요 없기 때문이다. 단독주택 살면 그기 1층이잖아. 단독주택엔 마당도 있으니 오히려 더 좋제.

아파트라면 일단은 조망도 쪼매 있고, 땅에서도 쪼매 올라가고, 뭐 이런 기분으로 아파트에 사는 게 아닐까? 1층은 방범도 문제가 되고, 조망이나 일조권이나 여러모로 불리하다.

그럼 1층을 짓지 말면 되잖아. 안 그래도 요즘은 피로티Piloti 형태로 일층이 없는 이층도 있데이. 애들 많은 신혼부부들이 피로티 2층을 애법 찾는다.

그럼 1층엔 누가 살까? 답은 간단하다. 1층엔 안 살아 본 사람이 1층에 산다.

1층은 분양가가 싸다. 분양가가 쪼매 모자라는 사람들이 1층을 분양받는 경우가 있고, 좋은 층을 프리미엄 주고 사기 싫은 사람들이 아직 미분양 남은 1층을 사기도 한다. 그리고 애들 때문에 층간 소음으로 아래층의 심한 항의를 받아 본 젊은 부부들도 1층에 산다. 어쩔 수 없잖아~ 또 어린이집이나 사업적인 용도가 필요한 사람들이 1층을 분양받는다.

요즘은 1층도 다른 모양으로 만들어 소비자들의 입맛에 맞추는 경우도 많다. 즉, 피로티라든지 전용정원이라든지 복층으로 꾸민다든지. 건설회사에서 1층에 대하여 더 다양한 형태로 연구해 볼 필요가 있다.

〈2013. 1. 28〉

아파트 동향東向에는 누가 살까?

제목만 보면 '아파트 동향에 사는 사람들은 이상한 사람들인가?'라는 생각이 언뜻 들지만 절대로 이상한 사람들 아닙니다. 집은 옛부터 배산임수에 남향이 최고였지요. 뒤는 산이 가려주고, 앞으로는 강이 흐르고 햇살이 짜앙 잘 들오고 말이죠. 그런 집터가 명당자리였답니다. 인물도 많이 나오고.

그런데 시방은 아파트 시대이기 때문에 풍수지리학적인 것을 따지는 조건이 몬됩니다. 그래도 일단은 집이라 카면 햇빛 잘 드는 정남향이 최고이지요. 인간이 살아가는 데 있어 햇빛이 없으면 안 됩니다. 그만큼 우리 삶에 있어서 일조권이란 건 필수불가결의 조건입니다.

근디 아파트 동향에 사는 사람들은 왜 동향집에 사느냐굽쇼?

첫째로는 분양당첨이 되고 보니 동향 아파트에 척 걸려버려서 그냥 당첨이 아깝어서리 누질러 삽니다. 권리금 쪼매 주고 남향 고층으로 갈아타면 좋겠지만, 우선 눈앞에 권리금이 아깝아서 그냥 당첨된 곳에 산단 말이죠.

#27

둘째로는 아파트의 입지상 동쪽으로 강을 끼고 있든지, 호수가 있든지 하여 조망이 기똥차서 동향 아파트에 삽니다. 이런 경우는 동향 아파트가 남향보다 비싸기도 하고, 입지여건상 어쩔 수 없이 동향을 짓습니다. 조망이 향(向)보다 가치우위죠.

셋째로는 아그야들 때문에 학군지역에서 살아야 하기는 하겠는디, 남향 큰 평수에 살 돈은 없고 하여 작은 평수 동향집에 삽니다. 대구 범어동 일대만 하더라도 30평대 남향집 거의 없습니다. 동향 아파트지만 학군 때문에 어쩔 수 없이 삽니다.

넷째로는 처음으로 집 마련하는 사람들은 아직 동향집에 안 살아봤으므로, 동향이건 남향이건 오로지 내 집 마련에 우선가치를 둡니다. 이런 경우도 다음에 두 번째 집을 마련할 적에는 반드시 남향집을 찾게 됩니다.

위와 같이 제 경험상 일단 네 가지 예만 들었습니다만, 그 외에도 다양한 원인으로 동향 아파트에 살겠지요.

동향 아파트라도 동향나름으로, 다 같은 게 아니라 천차만별입니다. 동향이면서 남쪽으로 바로 다른 집이 병풍처럼 막고 있어서 일조권을 거의 손해 보는 집은 쪼매 피하는 게 좋죠. 동향 아파트지만 고층이면서 서쪽으로도 확 트여서 오후엔 서쪽에서 햇살이 들어오는 집은 동향이지만 밝습니다. 따라서 기왕에 동향 아파트에 산다면? 고층에다가 앞뒤, 옆이 다 확 트인 집을 고르면 더 좋겠지요.

　동향 아파트에 살아본 사람은 집을 갈아탈 때는 절대로 동향집을 고르지 않습니다. 한번 동향 아파트에 살아 본 사람은 권리금을 많이 주고서라도 반드시 남향집을 찾습니다. 이것은 제가 현장에서 직접 상담해 본 결과이지요. 당 공인중개사도 동향 아파트에 살아봤기 때문에 인제는 무조건 남향집에 삽니다.

　그리고 요즘 분양 아파트는 정남향 아파트가 별로 없으며 남동, 남서 이렇게 짓습니다. 이런 경우는 원천적으로 정동향 아파트가 아예 없지요.

　건설회사도 이제는 인간 중심으로 집을 지어야 합니다. 햇볕 안 들어오는 집을 지으면 안 됩니다. 그런 집을 굳이 지으려면 짓고 난 뒤에 즈거가 기들어가서 살아야 됩니다.　〈2013. 1. 29〉

층간소음은 어른들의 문제다

지금 이사 가서 살고 있는 집, 동·호수 지정할 때 보니 윗집 분양받은 분이 내 나이 또래던데 오잉? 웬 새댁이가 이사를 와서 롤케이크를 사들고 울집에 내려왔데이. 아마도 윗집 분양권을 전매했나 보다.

3살, 6살짜리 아그야가 있다 카는데, 우리 딸래미하고 나는 서로 눈을 마주 보며 '뜨악~ 아이고, 이거 인자 골치 아푸게 생겼구나.' 했제.
"거실에 매트도 깔아놨구요, 각별히 조심할게요."
하이고, 그 새댁이 참말로 싹싹하데.

나는 일단 안심한다. 왜? 부모가 저 정도로 예의 바르고 싹싹하다면? 문제 없을거니깐. 아그야들도 부모 닮거든.

며칠 지나보니 조심시키는 게 확연히 보인다. 또 다른 아파트보다 층고가 높고 방음이 잘 됐는 거 같기도 하다. 아그야들 뛰는 소리가 거의 안 들린다.

어제 아침 출근길에 윗집 새댁을 또 만났다.
"아이고 안 시끄럽던가예? 그기 많이 궁금했어예. 시끄러우시면 언제든지 말씀해주세요."
그거 참 그 새댁이 싸가지 있네 그랴. 며느리는 저

런 사람을 얻어야 된다 카이.

  만약에 개떡 같은 새댁이 위층에 이사 와서 고마 입 싹 딱아뿌고 지 새끼들 거실에 노루새끼처럼 풀어놓으면 우얄 뿐했노? 휴~

  그렇다. 층간 소음은 아그야들의 문제가 아닌 것이다. 바로 어른들의 문제라 카이. 이웃과 소통하고 이해하고 양해하고 사이좋게 지내면 해결된다구. 층간 소음은 이웃 간의 소통의 문제이지 아그야들의 문제가 아인기라.

  저렇게 싹싹하게 나오는데 아래층에서 뭐라 카겠노? 자기 손자가 위층에 산다고 생각해봐라! 자기 부모가 아래층에서 산다고 생각해봐라!

〈2014. 3. 4〉

아파트는 공동체인가 과연?

결론부터 말하라카면?
아파트는 공동체가 아니라 개별체이다.

물론 물리적인 외형은 공동체이다. 닭장같이 동일한 집 꼬라지나 공동주차장이나 공동엘레베이터나 공동관리실이나.

그러나 그 속을 단디 딜다 보면? 아파트는 전형적이고 이기적인 개별체일 뿐이다. 옆집에 누가 사는지 모르고 아래위 층에 누가 기들어와 사는지도 모른다. 집값이 오르느냐 아니냐에 따라 요즘은 행불행幸不幸이 갈리는 시대가 되뿟다. 이웃과 소통하면서 살아가는 정情을 느끼면서 행복幸福을 느끼는 거와는 전혀 거리가 멀다. 인간은 사회적 동물이고 가장 가까운 사회가 바로 이웃인데 이것이 부정되는 게 아파트이다.

시골에 가면 집들이 다들 각자 떨어져 있지만도 이웃과 소통함으로써 살아가는 맛을 느끼고 행복을 찾는다. 마을회관에서 할매들이 모여서 밥 해 자시고 10원짜리 맨화투치면서 행복하다 하신다. 따라서 시골동네가 오히려 공동체이라고 볼 수 있다.

오늘날 아파트는 편리함의 상징이지만도. 불행하

게도 개인주의의 상징물이 되었다. 비밀번호 속에 갇힌 각각의 비밀스런 삶들의 집합체일 뿐이다. 〈2017. 2. 10〉

집의 방향을 쉽게 보는 법

나침반이 있다면 쉽게 방향을 가늠할 수 있지요. 일반인들은 나침반이 없으니깐 방향을 정확히 파악하기 힘듭니다. 이런 경우 방향을 아주 정확히 볼 수 있는 방법이 있습니다.

바로 맑은 날 그림자를 이용하는 방법입니다. 특히나 겨울에는 햇살이 깊숙이 들어오므로 그림자가 길게 드리워집니다.

창틀이나 문의 그림자가 직각으로 들어오는 시각이 정오(오전 12시)이면 정남향입니다! 그림자가 오후 2~3시경에 직각으로 들어오면 남서향입니다. 그림자가 오전 10~11시경에 직각으로 들어오면 남동향입니다.

그림자가 오전 11시~오후 1시경 사이에 직각으로 들어오는 집은 대충 정남향이라 캐도 무난합니다. 신규 분양한 단지도 현장에 가서 이런 요령으로 방향을 가늠해 보면 됩니다.

다음 사진은 우리 집입니다. 오전 12시 35분경에 직각으로 들어오므로 정남향으로 보면 됩니다.

차암~~ 쉽지요? 잉?   〈2012. 2. 20〉

아파트는 겨울에 골라야 된다는 건 상식이다

겨울에는 해가 남쪽으로 낮게 떠서 낮게 넘어간다. 여름에는 해가 높이 떠서 높게 넘어간다. 따라서 여름에 그늘 지지 않던 아파트 동 호수가 겨울엔 그늘이 질 경우가 많다. 왜냐하면 앞동에 가리는 그늘이 겨울 해가 낮게 넘어갈 때 더 길게 드리워지기 때문이다. 그러니 아파트는 겨울에 골라야 한다는 거다.

혹여 난 추위는 참아도 더위는 죽어도 몬 참는다 카는 사람이 있드라만은, 그런 사람은 소수이므로 여기에선 어디까지나 보편적인 기준으로 이바구하는 거다. 없는 넘은 여름이 겨울보다 살기 좋다 하잖아. 노숙자들도 여름이 천국이제. 겨울에 역전에서 자다가는 까딱 잘몬하면 동사한데이.

근데 아파트 분양은 겨울에만 하는 게 아니기 때문에 헷갈리기 쉽제. 여름에 분양하는 건 여름을 기준으로, 봄에 분양하는 건 봄을 기준으로 본데이. 그기 사람 심리인기라. 자기가 분양하는 그 당시의 날씨로 판단해뿐다 아이가. 지난겨울에 추웠던가? 새카맣게 잊어뿐다요. 사람이란 간사하거들랑….

여름엔 에어콘 전기세 아까우면 창문 다 열어제끼고 자면 된다. 근데 겨울에 보일러 안 틀고 창문만 꼭꼭 닫고 자면 되나? 얼어 죽어요, 죽어~

집은 어느 방향인지? 방들은 제각각 어느 방향인지? 세부적으로도 단디 봐야 할 것이다. 오늘 뉴스에 러시아는 영하 60도 한파로 123명이 죽었고 동유럽 곳곳에 사망자가 속출한다 안카나. 아이, 무섭당!

우리나라도 요새 겨울 장난 아이데이. 오늘 서울이 영하 16도, 대구도 낮 기온이 한 번도 영상으로 안 올라갔시요. 갈수록 겨울이 길어지고 더 칩어진다 안카나.

한 번 더 말하지만도, 집은 겨울을 염두에 두고 골라야 된데이. 햇빛이 얼매나 잘 들어오는가? 앞동에 가려서 그늘은 안 지는가? 요모조모 단디 살펴야 하구만은…. 겨울에 안 얼어 죽으라카면 말이요. 하하~
 사실에서 자판 뚜드리는 데도 손가락 시럽구만….
 아이고, 손 시럽어라~~ 〈2012. 12. 26〉

분양결정 때 주변 분들에게 물어보면 긍정적인 답이 나올까요?

결론적으로다가 말씀드리자면 no~올습니다.

자기가 살 집을 분양 받을라 카는데, 자기가 소신껏 결정해야 되는데, 꼭 주변 분들에게 이리저리 물어보고 댕기는 분들이 있습니다. 이런 분들은 십중팔구 결정하지 못하고 나중에 후회하게 된다 카이. 제 경험상 그렇더라구요. 그런 분들 시방도 누구누구 전화번호 대라 카면 댈 수 있지요. 제 묵은 장부들췌보마 다 나옵니다.

그럼 주변 분들은 누구누구냐? 주로 친구, 동생이나 누부야, 옵빠야, 엄마, 아부지, 삼촌, 이모 등등입니다.

주변 분들에게 물어보면 십중팔구는 하지마라 캅니다. 부정적인 답이 주류지요. 왜? 전문가가 아이기 땀시로 그렇습니다. 경상도 사람들 자신이 없으면 고마 부정적이거든요!

작년 딱 요맘때 신천휴먼시아 25평 분양 상담한 이바구입니다. 이분은 엄마한테 물어봅디다. 물론 돈은 자기한테 있고, 엄마가 돈 대는 거 아닙니다.

"엄마야. 나 이러저런 아파트 분양 하나 받고 싶은데 엄마 생각은 어떤노?"

"하이고, 이 가스나가 머라 카노? 요새 뉴스마다

집값 떨어진다 카는데 니 제정신이고?"
 이분은 결국엔 분양 못 받았습지요. 그거 1년 새 3천만 원이나 올랐는데 말입니다.

 이럴 땐 참으로 답답합니다! 전문가한테 상담 받아가꼬 스스로 판단해삐야지, 대구에다가 내 집 장만할라 카면서 촌에 계시는 엄마한테 물어보고 결정하마 우짜라 말이고?
 아이구, 배야~~~ 〈2011. 12. 21〉

지하철 역세권은 우리 생활에 어떤 의미?

이건 순전히 저 개인적인 소견이올습니다.

흔히 집 위치를 물을 때 "지하철 역세권이냐? 아니냐?"라고 이바구합니다. 마치 사람을 또는 집을 또는 아파트를 구분 짓는 기준이 되어버렸다구요. 그죠?

지하철 역세권에 사는 사람은 애법 똑똑한 인간이고, 그렇지 않으면 쪼매 덜 떨어진 인간으로 보는 것 같이 말입니다.
"니는 와 쓸데없이 지하철도 안 댕기는 데 사노?"
뭐 이런 눈총 말입니다.
아, 이 글을 쓰는 저는 시방 역세권에 산다는 게 얼마나 다행인지 모르겠구만은요.

요즘은 생활수준은 향상되고 도시가 팽창하고 도심은 복잡하고… 하여 예전같이 도심이 인기가 아니랍니다. 예전에는 친구가 시내 산다 카면 얼마나 부러웠는지 모릅니다. 나는 한 시간이나 쎄가나게 걸어야 핵교에 가는데 시내 사는 놈은 몇 발자국 안 걸어도 핵교에 오더라구요. 그 참~ 그땐 그기 얼마나 부럽든동?

요즘은 전철이 사통팔달로 뚫려 갖꼬 말입니다. 쪼매 외곽이라도 전철만 댕긴다 카면 그기 바로 명당 아닙니까. 맞죠? 말라꼬 도심에 공기 나쁜 데 삽니까? 공기 좋은 곳에 살아도 전철로 30분 내에 다 가는데 말이죠.

요즘 도시를 팽창하게 맹글은 일등 공신이 바로 전철 아인기요.

〈2013. 2. 1〉

지하철 역세권의 범위는 어디까지일까?

전편에서 지하철 역세권의 의미를 짚어봤지요. 그럼 지하철 역세권의 범위는 과연 어디까지일까요? 순전히 개인적인 생각으로 한번 끌쩍거려 보겠심미더.

어떤 성질 급한 젊은 사람들은 초역세권이니 뭐니 하고, 그저 지하철 구녕에서 쏙 기올라오면 바로 내 아파트 현관문이 탁 열리는 걸 기대하대요.
그런 집에 살면 좋겠습니까?
천만에요. 그런 집에 살면 운동 부족으로 다리 힘이 풀려 갖꼬 오래 몬 살아요.

보통 남자 어른 걸음으로 100m를 1분여에 간다고 하면 1km를 걷는 데는 약 10분여가 걸릴 끼고, 여자 걸음으로 15분여 걸릴 겁니다. 이 정도 거리(1km) 약 10~15분여 거리를 일반적인 전철 역세권이라 하면 안 되겠습니꺼?

우리 집에서 지하철까지 거리가 약 700m인데, 멀다 지겹다는 생각 전혀 해 본 적이 없어요. 상가 가게 이리저리 기웃거리다 보면 금세 집에 도착해뿌죠.

근디, 위와 같이 내가 내 맘대로 글을 쓰다 보면 혹여 1.1km 정도에 사는 아지메들이 항의할 수도 있겠네요. 쪼매 억울하잖아~ 그럼 1.1km까진 쪼매 봐 줄까요?

그래서 내 맘대로 1~2km 정도까지를 범위로 잡고 이 정도를 광역역세권이라 명명합니다.

2km는 쪼매 멀까? 술 한 잔 묵고 버스 끊어진 밤늦은 시간에 실실 노래 한 자락하면서 걸어갈 수 있는 거리지요. 잘 걸으면 20분여, 쪼매 술 더 취해서 비틀거리면 30여 분 걸릴 낍니다. 그래도 말이지, 시내 중앙통에서 술 한 잔 묵고 버스 끊겨도 전철 타면 된다는 맘을 가질 만한 거리가 아닌가요? 맞죠?

월배아이파크(진천역), 신서혁신도시 B4블럭(반야월역 1.8km), 복현푸르지오(큰고개역 1.6km) 등등의 단지들이 여기에 속하지요. 특히 신서혁신도시는 반야월역, 각산역, 안심역에서 직선도로가 고속도로마저 시원하게 구멍 뚫어 연결되므로 광의의 역세권이라 해도 무방해 보입니다. 율하역에서는 혁신도시가 애법 멀고.

요즘 사람들이 너무 걷기를 싫어하고 생활의 편의성만 추구하다 보니 역세권의 범위도 너무 좁혀서 생각하는 경향이 있어요. 지하철에서 쏙 기올라가면 집이고, 운동은 헬스클럽 가서 하는 시대지요. 그러지 말고 자연스레 쪼매 더 걸으면 그기 바로 생활 속의 운동이 아닐까요?

결론? '역세권은 바로 자기 마음속에 있다.' 〈2013. 2. 1〉

기차역 KTX 역세권의 범위는 어디까지일까?

앞에서 지하철 역세권의 범위에 대해 두 편의 글을 끌쩍거려 봤는데, 기차역 역세권에 사는 사람들이 쪼매 섭섭하지 싶어서 그거도 함 연구해보자.

일반적인 느낌상, 지하철 역세권과 기차역 역세권은 아무래도 쪼매 차이가 나죠? 즉, 전철역세권에 비해서 기차역 역세권의 범위가 훨씬 넓게 느껴진다는 말이다. 기차역 역세권을 꼭 역에서 10분 거리? 1km? 이렇게만 이바구할 수는 없는 일이제.

따라서 기차역 역세권은 쪼매 범위를 넓혀 생각해 봐야 될 것이다. 이는 거리만으로 판단할 것이 아니고 심리적인 거리까지 포함해서 판단해야 되지 싶다.

그리(심리적으로) 본다면 동대구 역세권역을 대구 전체로 봐도 무방하지 않을까? 왜? 대구사람들이 서울로 기올라갈 때 죄다 동대구로 오지 부산역이나 구미역으로 가지는 않잖아. 하하, 말 되남?

즉, 동대구역을 이용하는 전체의 범위로 놓고 봤을 때 그러하다는 말이다. 어차피 역세권이라는 말 자체가 영향을 미치는 권역이라는 의미가 아닌가.

그러나 여기서 말하고자 하는 것은 그리 넓은 의미로서가 아니라 단순한 거리상 또 직접적으로 영향을 받는 범위로 좁혀보고자 한다.

동대구역 역세권이라고 하면 서쪽으로는 전철 신천역新川까지, 동쪽으로는 전철 아양교역(금호강)까지, 남쪽으로는 mbc네거리까지. 이 정도로 정하면 되지 않을까? 차 없이도 술 한 잔 묵고 어른 걸음으로 실실 걸으면 충분히 역까지 갈 수 있는 거리여서 그러하다. 이런 지역은 동대구역 바로 인근에 산다는 걸 느낄 수 있는 지역이다. 서울 다녀와 역에 내리면 우리 집은 가까워서 좋다, 뭐 이런 느낌을 받는 권역이다.

내 맘대로 쓴 글입니다! 뭐 정답은 없다는 이바구지요!

아파트 조망권(view= 경관, 전망)의 가치

(1) 조망이란 무엇인가?

모델하우스에 방문하다 보면 거기 안내하시는 이쁜 도우미들이 흔히 쓰는 단어가 있다.

'View'

즉 조망이 좋다느니 뭐 어쩐다느니 그런 거 말이다. 언제부터 우리나라에서 미국말을 잘 썼는지는 모르겠지만 사실 난 이런 말 들을 때마다 거부감이 든다. '뷰'가 머꼬? 기냥 우리나라 말로다가 '경치' '조망'이카면 될 걸, 미국말 안 쓴다꼬 누가 잡아묵남?

특히나 연세 지긋한 50~60대 아지메들한테까정 꼬부랑말로다가 '뷰'라고 말할 때 보마 내가 헛웃음이 다 나더라. 연세 지긋한 아지메들은 "뷰가 먼데요?" 이리 되물으면 창피하니깐 무신 말인지 몰라도 그저 고개만 끄덕거리시더라. '잘 못 알아듣겠지만 좋다 카는 말이겠제?' 뭐 그리 생각하실끼구만. 그냥 평소에 쓰는 말로다가 "경치 하나는 쥑이뻽니더." 이리 말하면 더 잘 알아들을 텐데. 헐~

자자… 씨잘데없는 소리 그만하고 본론으로 함 들어가 보입시더! 밥만 잘 묵고 잠만 잘 디비 자면 되는 것이 집이지 무슨 놈의 얼어 죽은 '뷰' 타령이냐구요? 아이고 이거 나도 꼬부랑 말 쓸라카이 혀가 굳어가 안 된께로 인제부터 조망으로 통일하입시더! 조망, 경치, 경관, 전망 이런 거 다 같은 말이지러!

글카면 조망이라카는 말은 언제부터 생긴 말인고? 무식한 내가 생각하기로는 애법 오래전 우리 조상들부터 이 조망에 대하여 귀하게 생각하셨으리라 짐작 간다.
"산수 좋고 경치 좋은 곳에 터를 잡고…."
뭐 이런 말 있잖아? 여기서 경치 좋은 곳이라는 말이 나오잖아. 쪼매 행세 꽤나 한다는 어른들은 경치 좋은 곳에 정자를 짓고 풍월을 조리고. 그 당시엔 돈은 별로 안 들어도 경치 좋은 곳에다가 정자 하나 정도는 지을 수 있었을 테니 좋았겠어.

그 이후 바쁜 현대사회에 들어서는 조망이란 걸 잊고 살았다. 6·25전쟁, 산업화 등으로 묵고살기 바쁜데 무슨 놈의 얼어 죽을 조망? 그저 쪽방 하나라도 두 다리 뻗고 등 따시면 제일이지.

그러나 요즘은 시대가 바뀌어도 너무 많이 바뀌어가 묵고살만 하고, 아파트도 천지삐까리이고…. 그카니 수많은 아파트들도 자연스럽게 차별화되어 가고 있다. 어느 지역? 어느 브랜드? 어느 방향? 이런 식으로 말이지.
여기에 하나 더 얹히는 것이 바로 우리가 말하는 소위 조망권이라는 거! 아니 아니. 덤이라기보다는 이젠 이 조망이란 것이 아파트 선택의 제일의 기준이 되었다!

왜? 경치가 밥 믹이주나?

근데 요즘 밥 묵는 거, 그거 별로 중요하지 않다는데 우짤 끼고?

"밥은 쪼매마 묵어도 되니까 차라리 경치나 실컷 볼랍니다. 밥은 묵을 만한께로 인제 나도 경치 좀 봐야겠습니다."

뭐 이런 추세다.

같은 밥 묵고, 같은 돈 주고, 같은 아파트에 분양받아 기들어가서 누구는 눈만 뜨면 남의 뒷방만 천날만날 쳐다보고 살고. 누구는 기가 맥히고 코가 맥히는 가슴이 탁 트이는 경치를 즐기면서 살아야 되남?

우쒸~ 억수로 기분 나쁘잖아! 〈2011. 10. 16〉

(2) 조망과 일조량의 관계

80년대에 5층짜리 아파트. 90년대 12~15층짜리 아파트. 2000년대 들어서 20~30층짜리 아파트. 그 이후에 초고층 주상복합아파트로 도시는 변신하고 있다. 요즘 대구도 주상복합도 아닌데도 분양했다 카면 엔간하면 30층 이상이다.

돌이켜보면 15층 정도의 높이 아파트에서는 전체 단지 안, 동마다 일조권이 확보되는 데 별로 어려움이 없었다. 동 간 간격도 널찍널찍했고 조경도 널찍하고, 세대당 대지 지분도 어느 정도는 된다.

그러나 지금은 어떤가? 좁은 땅 덩어리에 30층 이상 까마득하게 기올라가니 동 간 간격 자체가 없다시피 하다. 자칫 뒷동 저층에 배정받으면 까마득하게 시커먼 남의 집을 쳐다보고 살아야 될 형편이다.

햇살? 이건 기대하기도 힘들겠제? 물론 요즘 아파트 지을 때 법적으로 확보해야 될 일조량은 있겠지만서도 말이지. 4시간이던가? 근데 그건 최소한의 일조량 아니겠수? 인간이 햇빛을 받고 살아야 되지 햇빛 몬 보면 얼굴부터 누렇게 떠삔다 아이가~

도심에선 빌딩도 고층 아파트도 고층 죄다 고층빌딩숲이다. "사방을 둘러봐도 보이는 건 모두 다 까마득한 빌딩숲~ 그래도 나

에게는 제2의 고향~" 뜬금없이 윤수일의 노래 가사가 생각나네!

그카마 조망과 일조량은 무슨 상관인가? 조망이란 앞이 트인 것이 조망이기 땀시로 조망이 있으면 자연스레 일조량이 확보된다고 보면 된다. 일종의 덤으로 따라온다고 봐야제.

물론 조망동이긴 한데 북향이라든지 이카면 안 되제. 한겨울에 얼어 죽을 판인데 조망이고 뭐고 간에 뭐 필요하겠수? 그래도 서울의 한강변 아파트는 북쪽 한강이라도 돈이 억수로 비싸다카드만은 이런 경우엔 강이나 산이 북쪽에 있는 특별한 경우랄 수 있겠제.

그래도 난 얼어 죽어도 좋다 죽어도 조망을 보고 죽겠다. 뭐 이런 백성도 있을까? 헐~

〈2011. 10. 16〉

(3) 조망과 층수의 관계

앞서 2편에 언급했던 것처럼 도심은 30층 이상의 빌딩숲과 30층 이상의 아파트로 점령당했습니다. 이거 한번 지어 놓으면 우린 평생 걷어치울 수도 없죠. 조망 안 트이고 일조권 침해 당한다고 내 맘대로 부술 수도 없죠!

글카마 우찌할까요? 정답을 알으켜 드리지요! 아주아주 간단합지요! 나도 고층을 분양받으면 됩니다. 고층에 배정 안 되거나 떨어지면 그까이 꺼 프리미엄 쪼매 주고 초기에 고층을 사면 되죠! 그리하야 그넘의 고층빌딩보다 내가 더 높이 하늘로 기올라가면 된다요!
이카다가 사람들 전부 하늘로 하늘로 천당 가삐는 거 아이가?

그래서 요즘 최상층도 선호도가 올라가는 경향입니다. 도심 30층 정도의 고층아파트는 높은 곳이 제일 로얄층이 되는 것입니다. 그러나 50층 이상의 대구 두산위브더제니스 같은 아파트는 사는 사람들 성향에 따라서 지나치게 높은 50층 정도보다는 30층대, 40층대를 선호하는 분들도 많습니다. 이건 그 정도 높이에서도 충분히 조망을 확보할 수 있고, 너무 높으면 도심은 안 보이고 하늘만 보이기 때문입지요!

그러나 시 외곽으로 나가면 저층 조망도 좋은 곳이 많습니다. 요런 특별한 곳은 맨 앞동이라면 그리 높은 층이 아니어도 됩니다. 한 5, 6층 정도라도 얼마든지 좋은 조망이 나오는 곳이 율하지구 같은 곳입니다.

물론 이런 곳이어도 뒷동은 높이높이 올라갈수록 일조량과 하늘조망권이 확보되므로 좋습니다. 따라서 조망과 층수는 지역에 따라서 상대적입니다. 〈2011. 10. 16〉

(4) 조망과 向의 관계

앞서 2편에서 일조량과 조망과 향을 언급했습니다. 조망이 잘 나오면서 남향인 경우가 제일 좋은 건 말할 필요 없고, 조망이 잘 나오면서 남동향이나 남서향인 것도 물론 괜찮지요. 그렇타면 조망은 죽이는데 동향이나 서향인 것은 어떨까요?

일반적인 대구시민들의 성향을 경험해 보건데, 아직까지 억수로 보수적이란 걸 알 수 있습니다. 남향 선호사상 말입니다. 남아선호사상 아닙니다. 따라서 동향 정도는 조망이 죽이주면 분양 받습니다. 울며 겨자묵기로. 그러나 서향은 조망이 죽인데도 기피하는 경향이 있지요. 서울 업체들 대구 성향 모르고 서향 지으면 큰일 납니다.

근데 의외로 남서향에 대해서는 그리 기피현상이 없습니다.(수성3가 쪽에 코오롱이나 화성에서 지은 중대형 평수에서 그런 경향을 볼 수 있습니다) 최근엔 같은 조망인 경우엔 오히려 남동보다 남서를 선호하는 분들이 많습니다.

자자, 그럼 이런 숙제를 한번 풀어보지요. 조망이 죽이뻬는 동향하고, 조망은 시원찮으나 남향하고 같은 동 같은 층이라면?

요건 개인의 성향에 따라 다릅니다. 젊고 조망을 좋아하는 감성을 가진 사람은 동향 조망동을 선택합니다. 보수적이고 죽어도 남향인 사람은 경치고 뭐고 간에 남향을 고집합니다. 특히 동향에 살아본 경험이 있는 분들은 대부분 남향을 선택합니다.
따라서 정답은 없습니다. 〈2011. 10. 16〉

(5) 조망과 소음의 관계

자, 조망이 확보된 동은 길갓동인 경우가 많음을 볼 수 있을 것이다. 조망은 좋지만 차 소리에 시끄럽다카면? 어쩔 것인가?

본 공인중개사는 작년가을부터 금년 초까정 칠성휴먼시아 분양상담을 많이 해준 경험이 있습니다. 직접 현장을 발로 뛰고 몇 번을 요리조리 둘러보고 재고 의논하고 사진 찍어보고 동호수를 정해줬어요. 실수요자들은 대부분 신혼부부 내지 예비 신혼부부인 경우가 많으므로 이런 아파트 분양 초보자들은 대단지에 가면 눈앞이 캄캄합니다. 어느 동, 어느 호수가 좋은지, 뭐가 뭔지 아예 깜깜하지요.

자칫 잘못 선택하면 내 고객의 재산 가치를 잃어버리게 하는 것이기에 신중하게 선택해 줘야 합니다. 내 집같이 말이지요. 절대 제 자랑이 아니올습니다. 제가 선택해드린 분들의 집이 시방 프리미엄이 엄청 붙었어요.

칠성휴먼시아에 가보면 남향이면서 맨 앞동에 있는 15층짜리 동이 있습니다. 뒷쪽에는 타워형 23층짜리 고층이 병풍처럼 둘러쳐져 있습니다. 조합원들은 먼저 남향 앞동을 선점했더랬습니다.

그러나 여기서 맨 앞동은 소음문제가 분명히 있습니다. 왜냐하면 이 도로는 아파트 단지를 만들면서 낸 도로가 아니고 기존

4차선 도로이기 때문입니다. 차량통행이 애법 많은 데다가 앞으로 1,200여 세대가 입주하여 2,000여 차량이 수시로 들락거린다면 거기에 소음은 더해질 것이지요.

따라서 이런 경우엔 뒷동 고층으로 올라가는 것이 나아보였습니다. 즉, 앞동 10층 이상이면 몰라도 7, 8층 정도라면 뒷동 20층 이상으로 올라가는 것이 현명해보였습니다. 특히 여기는 앞동이라고 특별한 전망 나오는 동네가 아닙니다. 뒷동으로 20층 이상 올라가면 도심 전망이 탁 트이게 되지요.

이런 예를 보듯이 아파트 단지앞 도로라도 아파트 차량 중심으로 다니느냐, 기존에 이미 있던 도로로 타차량 통행이 많느냐가 관건입니다. 전자는 길갓동이라도 소음문제가 전망을 앞지르지 않지만 후자는 그렇지 않지요.

도심의 재개발아파트는 대부분 앞도로가 기존도로가 많고 외곽의 택지개발지역에서는 아파트가 생기면서 아파트 때문에 생긴 도로가 대부분이지요. (동호지구, 이시아폴리스, 율하지구 등등)

결론은 지역과 단지 앞 도로 사정에 따라 다르다는 걸 알 수 있습니다. 그러나 경관이 기가 맥히고 코가 맥히는 지경이라면 소음보다 훨씬 앞설 수 있다는것도….

〈2011. 10. 16〉

(6) 조망권의 종류

그참 조망권 하나 가지고 어지간히도 많이 써 묵습니다 그랴~ 조망권이면 조망권이지 종류는 또 머꼬?

GREEN 조망권이라꼬 들어보셨남요? 요것도 꼬부랑말인데, 우리말로 하면 녹색 조망이라 캅니다. 즉, 아파트 앞에 녹색의 산, 공원, 들판이 있다는 것이지요! 만약에 가을이 되어 들판이 황금색으로 물든다면 GOLD 조망권이라캐야 되겄지유? 단풍이 든다면 단풍 조망권이려나?

또 하나 BLUE 조망권입니다. 이건 또 뭐시냐? 푸른 강이나 바다를 바라보는 조망권입니다. 부산 해운대, 부산 몰운대, 서울 한강이 한 예죠! 본 공인중개사가 2004년에 낙동정맥단독종주 마지막 구간에서 본 부산 몰운대 앞 대우아파트같은 경우엔 바다 조망이 죽입지요.

대구에는 금호강 조망권이 있습니다. 동촌에서부터 율하지구 동호지구까지 또 서쪽 편 금호강 낙동강권 아파트들, 또 도심의 신천 조망권이 있습니다.

그리고 도심 조망권 중에 야경 조망권 같은 것도 있겠습니다.

〈2011. 10. 16〉

(7) 조망권의 값은?

여태까지 조망권에 대하여 6편을 썼습니다. 작성한 글들 모두 모처럼 한가로운 일요일 오전에 컴 앞에 앉아서 몰아치기로 즉석에서 작성한 것입니다. 절대로 다른 자료를 퍼오거나 복사해 붙인 거 없습니다. 머릿속에서 갑자기 끄집어낸 글들이라, 쪼매 정돈되지 못한 느낌이 있데도 넓은 아량으로 봐 주시면 좋겠습니다

2004년도인가? 한강 조망권에 대해 판결한 대법원판례가 있었지 싶습니다. 거기에 제 기억으론 한강 조망값이 20%였던 것 같습니다. 천편일률적으로 동일하게 조망값을 몇 %라고 매기기는 어렵습니다. 지역과 방향과 조망의 성질에 따라 다 다르기 때문입니다.

분명한 것은 우리가 살아가면서 삶의 질을 높이 평가하는 시대가 되었다는 것이고, 거기에 따라서 되도록이면 조망을 확보한 집에서 살고자 하는 욕구는 세월이 흐르면 흐를수록 더욱 더 강해지리라 생각되어지는 것은 틀림없습니다.

사람들이 좋은 경치를 구경하러 높은 산에 올라가듯이 이제 좋은 경치를 가지기 위하여 아파트 높이높이 올라가려 할 것입니다! 산에 기올라가면 그 노력에 대비하여 정상에서 보는 조망이 피로를 싹 씻어 주듯이 퇴근하여 집에 기들어오면 탁 트인 조

망 앞에 하루 피로가 싹 가셔버리게 하는 것도 바로 조망의 가치입니다!

　　생활이 편해지고 쪼매 묵고 살아지면 질수록 감성이 살아나기도 하지요. 직장에서 으르렁되고, 사업장에서 고생하는 삭막한 세상에 집에서의 조망은 하나의 소중한 자산입니다!

〈2011. 10. 16〉

발코니 확장시대, 아파트 뒷조망도 가치가 있다

아파트 조망이라 하면 통상 거실에서 보는 전면前面 조망을 말한다. 그 이유는 여러 가지가 있겠지만 보통 거실에 앉아야 밖이 보이는 구조라서 그렇다. 예전의 아파트는 발코니 확장이 불법이었으며 하더라도 작은방 하나 정도만 했기 때문이다.

그거(확장) 하고 그게(조망) 뭔 상관이냐굽쇼? 좀 제대로 이해하기 쉽게 설명해 달라고요? 제대로 이해하도록 할라 카이 머리 빠지는데… 예를 들자면 비확장에서는 주방 뒤쪽에 발코니가 있지요? 따라서 싱크대에서 설거지하면서 볼 수 있는 창이 없었지요? 뒷조망을 보려면? 뒷베란다에 나가서 봐야 되잖아요. 겨울에 그 추운데 누가 미쳤다고 뒷베란다 나가서 조망 보나요?

하지만 인제 시대가 바뀌었다구요. 발코니 확장이 합법이므로! 이제 건설회사들이 아예 첨부터 올 확장으로 해버린다 이겁니다. 확장이냐 아니냐를 선택할 수도 있지만도 일부러 비확장 선택하는 세대는 하나도 없시요! LH말고는 요즘은 비확장이 아예 없다고 보면 됩니다.

확장을 하게 되면? 주방을 뒷발코니 끝까지 밀어서 설치해버리니까 싱크대 위에 턱하니 밖을 볼 수 있는 창이 생겼다 이겁니다. 설거지하면서 뒤쪽 조망이 가능하다는 겁니다. 부부싸움 하다가 신경질 나면 설거지를 하면서 뒷조망을 보면 다 풀린다요. 애꿎은 그릇 깰 필요도 없구만은… 혹시 신경질 난나고 그릇을 냅다 밖으로 던지지는 마시구. 클나요!

아파트에 따라 싱크대 위쪽뿐만 아니라 주방 뒤쪽으로 커다란 창이 있는 곳도 많다구요. 식탁에서 밥 묵다가 보면 자연스레 뒤쪽 풍경이 보이게 된다는 말이지요. 그리고 작은 방에서도 뒷 발코니를 확장하여 없애버리므로 바로 뒷조망이 훤히 트여요. 애들 방인디, 공부하다가 피곤하면 뒷조망 보고 다시 힘내면 된다구요. 근데 겨울엔 제법 추워요. 이기 단점이라.

시대가 변해가다 보니깐 이제 뒷조망도 가치가 있는 시대가 되었습니다. 특히 뒤편에 공원이나 강이나 산이나 호수가 있다면? 더 금상첨화지요.

아파트 뒷조망! 무시하지 말라구~　　　　　〈2013. 5. 28〉

조망권에는 주인이 없다!

일성트루엘, 신천자이 아파트는 신천 조망이 특징이다. 복현푸르지오 아파트는 금호강 조망이 나오는 호수가 로얄이다. 반월당 효성그룹 더루벤스 아파트는 도심 조망권이 있다. 이시아폴리스 2차단지 중엔 단산지 호수 조망 가능한 곳도 있다. 수성못 코오롱하늘채 아파트는 앞산 조망이 있다. 또 내가 사는 아파트는 연근논 조망이 있다.

그렇다면 이러한 조망권에는 주인이 있을까?
결론은 '주인이 없다'이다.

신천을 조망한다고 신천주인인 국가가 조망값 요구하지 않고, 금호강 조망한다고 금호강 주인인 국가가 조망값을 달라고 하지 않는다. 도심의 건물들은 조망한다꼬 그 건물의 주인장들이 "조망값 내 놔라." 하는 이런 경우 봤는가?
난 눈만 뜨면 보는 연논의 사시사철 변하는 멋들어진 조망 봐도 연논 주인장들이 "돈 내놔."라고 하는 사람 하나도 없더라.

조망권에는 관람료가 없다! 조망권은 공짜배기다! 공짜배기기 때문에 바로 이 조망권에 프리미엄이 붙는 거라~

〈2013. 1. 7〉

조망권에는 주인이 있다!

전편에서 조망권에 주인없따! 캐놓고, 이제는 주인이 있다!! 이러면 "점마, 저거 밥 묵고 할 일 없나?"라고 할 거고 쪼매 말이 앞뒤가 안 맞지만도, 여기서 주인있음이라 말하는 뜻은 또 다른 의미인기라.

즉, 전편에선 조망의 객체를 두고 말한 것이고, 여기선 조망의 주체인 조망권을 즐기는 사람을 두고 하는 말이다.

그러면 조망권이 억수로 좋은 집에 사는 사람은 얼라나 어른이나 죄다 조망권의 주인이 되는가? 아무리 기똥찬 조망권을 가진 집에 산다고 하더라도, 그 조망권을 볼 줄 알고 즐길 줄 알아야 만이 조망권의 주인이라 할 수 있다.

즉, 고3이 되가지고 공부하니라꼬 밤낮도 없는 넘한테는 조망이 필요없고, 지 앞가림도 몬하는 서너 살배기한테도 조망이란 것이 의미가 없다. 무슨 얼어 죽을 조망이냐고, 감성이라곤 손톱만치도 없는 어른한테도 물론 조망의 의미가 없제.

조망권의 주인이 있다 했는데, 그럼 조망의 주인은 누구인가? 결론적으로 말하자면 조망이 보이는 집에 살면서, 그 조망을 느끼고 볼 줄 아는 사람이 주인이다! 그 볼 줄 아는 것을 판단하는 기준은 어디에 있을까? 바로 개인의 각자의 마음속에 있다고 할 수 있다. 그 마음은 또 어떻게 알 수 있을까? 같이 살아 보면 알 수 있다.

우리 집에도 네 식구 중에 둘이는 조망의 주인이 아니다. 그 둘이 누구냐구? 말 안한다! 인권보호차원에서. 하하! 〈2013. 1. 7〉

멋진 조경이 아파트의 가치를 높이는 시대다

과거에는 주민들이 아파트 조경에 별로 신경 안 썼다. 내 집 구석구석만 제대로 맹글어지면 됐지 그 깐놈의 조경이 다 머꼬? 묵고 살기도 바뿌구만은 언제 기내려가서 조경 그거 딜다 볼 시간 있었더노?

아침에 기나가면 저녁에사 기들어 왔잖아. 일주일내내 일요일도 없이. 이제는 쪼매 묵고살 만하니 조망과 마찬가지로 조경이 억수로 중요해졌다. 토욜까지 휴무을 하고 심심하면 3일 이상 황금연휴하고 노는 기 태반인 시대다.

옛날에는 시골집 마당에 죄다 시멘트로 쳐발라갖꼬 농사짓기 편하게 했는데, 지금 그런 집을 보다 보면 얼마나 보기 싫은가? 이제는 전원주택이라꼬 까삼하게 지은 집 마당에 잔디를 심고 꽃을 가꾼다.

바야흐로 시대는 웰빙시대인거라. 밥묵는 거도 중요하지만도 눈으로 보고 즐기고 느끼는 거도 인제 억수로 중요하다 이거야. 기왕지사 저 푸른 초원 위에 그림같은 집에 살고 싶어진다는데 우야노? 아파트에도 그런 소비자들의 욕구를 조경으로나마 충족시켜줘야 한다 이거지.

요즘은 아파트시대다. 죄다 성냥갑이다. 모두모두 생긴 꼬라지가 같다. 하지만 단디 딜다 보라. 모두모두 똑 같은 게 아니걸랑~

어느 집은 일층이고 어느 집은 꼭대기다.
어느 집은 앞이 트이고 어느 집은 막힌다.
어느 집은 앞에 강이 보이고 어느 집은 산이 보이고
어느 집은 다른 아파트가 보인다.
어느 집은 지하철이 가깝고 어느 집은 멀고
어느 집은 판상형이고 어느 집은 타워형이다.
어느 집은 좋은 학군이고 어느 집은 평범한 학군이다.
어느 집은 평수가 크고 어느 집은 작다.
어느 집은 아저씨가 살고 어느 집은 아지매가 산다.
잉? 이건 아니잖아~

집의 가치를 아는 사람만이 집의 진정한 주인이다

하여튼 간에 집집마다 뭐가 달라도 다 다른 거라. 근데 요즘은 너무 집 자체를 돈으로만 생각하는 경향이 있는데, 금리는 낮고 아파트를 재테크 수단으로 생각들 하기 때문에 그러하다.

그럴지언정 그 집의 주인은 그 집의 가치를 진정 누릴 줄 아는 사람의 몫이다. 너무 돈돈 카다가는 돈돈 카다가 고마 세월이 퍼뜩 흘러삐고 집의 가치도 모르고 늙어 죽어삐능기라.

그카마 집의 가치란 무엇인고? 집 앞에 푸른 들판이 펼쳐지는 멋들어진 조망을 가진 아파트가 있다고 하자. 거기 사는 사람 중에 어떤 이는 매일매일 이 경치를 보면서 만족감에 억수로 행복해 한다 치자. 주말에는 아그야들을 데불고 들판에 나가 개구로도 잡고 하다 보면 아그야들도 정서가 바르게 큰다. 또 어떤 이는 경치고 나발이고 집값이 오르는가 안 오르는가에만 신경 쓰면서 억수로 초조해한다 치자. 이 집 아그야들은 나중에 크면 아빠 닮아서리 삐딱하게 자라서리 맨날 돈돈 칸다.

이 둘 중에 과연 누가 진정 이 집의 주인인고? 이 둘 중에 과연 누가 진정 집의 가치를 누릴 줄 아는 행복한 사람인고? 돈으로도 살 수 없는 그 멋들어진 조망이 코앞에 펼쳐져도 그걸 볼 줄 모르면 그건 무의미하다. 그기 바로 돈으로 환산할 수 없는 돈 이상의 가치인데 다른 곳에서 돈을 찾는단 말이지. 또 개구리 잡는 분이나 돈돈 카는 넘이나 같은 조망권의 집이므로 결국엔 돈 가치도 같잖아!

어떤 사람은 1층에 사는데 맨날 불만투성이다. 조망도 안 나오고 도둑도 겁나고 등등 불만이다. 그 집은 지가 분양 받았는데 지가 잘못해놓고 맨날 불만이데이. 그라마 퍼뜩 집을 팔고 옮겨야 된다구. 인생은 짧고 시간은 별로 없다.

어떤 사람은 1층에 사는데 맨날 행복하더라. 시잘떼없이 앨리베이터 안타고 층간소음 땜에 아래층 신경 안 쓰고 등등.

어떤 어르신께서는 요즘 아파트의 각종 편의시설을 하나도 작동 못 하신다. 그라마 이런 최신식 홈오토니 전자작동식 집이 이 어르신께는 필요 없는 거라.

요즘 대구 지역에 하도 집을 돈으로만 바라보는 서글픈 세태에 나도 이런 일을 하고 있지만도, 자기 집의 가치를 알아보고 느끼고 삶터를 가꾸어가는 인간이 행복한 법이다. 모든 출발은 가정에서 나오는 것이거든.

요즘 대구 젊은 사람들은 친구끼리 만나면 "느거 집은 얼마 올랐노? 우리 집은 이마이 올랐데이." 이런 대화들인데 그라마 안 올랐는 집에는 인간이 살면 안 되나? "느거 집은 조망이 좋아 살기 좋제? 우리 집은 조망은 없어도 지하철이 편리해서 억수로 좋데이." 뭐 이런 대화들을 나누자구. 이제….

자기 집의 가치는 자기가 가꾸고 맹글어가는 것이다. 집의 가치의 근본은 결국 자기만족이다. 만족감이 드는 집이라야 자기하고 궁합이 맞는 좋은 집인 것이다!

좀 더 집이라는 걸 겸허하게 바라보는 마음을 가졌으면 해서 시잘떼없이 이 글을 써 본다. ⟨2014. 2. 12⟩

발코니 올 확장, 무조건 좋은 것인가?

요즘 신규 아파트 분양은 무조건 발코니 확장이다. 뭐 선택할 수야 있도록 법 제도를 고쳐놨지만 현실적으론 거의 불가능하다. 100명이 확장에다가 도장 찍어뿌는데, 나 홀로 기본형을 고집할 수 있겠남? 회사에서 무조건 확장에 사인하도록 교묘히 시스템을 맹글어 뿌능 기라.

그카고 보면 법이라 카는 게 이럴 땐 유명무실한 기라. 또 개인적으로 나중에 확장할라카마 돈도 곱빼기로 더 들끼고. 아무튼 요즘 분양아파트는 울며 겨자묵기로 확장이 필수과목이제.

전용면적 59㎡짜리 본보기집을 보면 옛날 전용면적 84㎡ 대로까지 커 보이는 것도 이 발코니확장 때문이지러. 전용면적 84㎡짜리 발코니 확장 본보기집 기들어가보마 옛날 전용면적 102㎡짜리보다 더 큰 기라.

확장은 발코니가 넓을수록 많이 할 수 있기 때문에, 같은 분양 평수라도 구조에 따라 넓이가 차이가 나 보인데이. 판상형은 앞뒤 베란다가 있기 땀시로 타워형보다 일반적으로 발코니 면적이 더 넓다.

그런데 팸플릿에는 대부분 발코니면적이 서비스

면적으로 표시되는디, 아마도 이래 차이 나는 문제 때문에 회사에서 서비스면적이 얼마라는 걸 표기 않는 경우가 대부분이더라. 세계육상선수촌이나 범어숲 화성파크드림 같은 곳엔 팸플릿에 표기해 놓았다. 거기에 보면 같은 평수라도 발코니면적이 많게는 5평까지 차이가 난단 말이지. 모델에 기들어가 보면 같은 평수인데도, 유달리 커 보이는 곳은 바로 여기에 답이 있다카이.

발코니 확장 때문에 또 전용면적이라 카는 기 사실상 유명무실하게 된다. 옛날 아파트들은 집에 기들어가면 발코니 빼고 나머지는 딱 전용면적이라 보면 되는디. 지금은 확장을 해뿌니깐 오데까지가 전용면적인지 잘 모린다.(본보기집엔 점선으로 표시) 그래서 실사용면적이란 신조어가 생겨나뻔 기라. 따라서 이젠 전용면적보다 더 중요한 건 실사용면적이지러.

자자, 그카마 발코니 확장은 무조건 좋은 건가요? 정답은 사람에 따라 "아니올습니다."라는 특히나 중년층 이상의 아지메들은 발코니 없는 걸 억수로 싫어한데이. 비교적 신혼부부들은 아직 짐이 적은께로 확장을 선호하더라. 신혼부부들이 확장을 선호하는 또 하나 이유는 소형(전용면적 59㎡)을 분양받기 때문이기도 하다.

아지메들께선 왜 발코니 올 확장을 싫어하냐? 빨래 하나 널라 카이 마땅히 널 데가 없제. 시나브로 너저부리한 잡동사니 하나 감출려니 그도 몬하제. 손빨래할라 카이 베란다가 좁아터져서 앞뒤로 궁디 턱턱 받히제. 비 오면 창문으로 비가 바로 후려쳐 들어오니 문도 몬 열제. 사랑하는 서방님캉 숨바꼭질할라 캐도 숨을 곳도 없제. 삼겹살 고등어 하나 굽어묵을라 캐도 뒷 발코니가 있어야 보조주방이라도 있제. 김치냉장고 요즘 두 개는 다들 있는데 그거 하나 놓을 데 없제. 겨울에 열효율 떨어져뿌제… 기타 등등.

좋은 거도 물론 많지요. 거실 방을 넓게 쓸 수 있는 게 제일 좋은 거지요. 그러나 베란다도 틀 건 트고 안 틀 건 쪼매 남겨 놓으면 좋은데 말이지요. 회사에서 분양 제대로 할라카면 고객들 눈높이가 제일 중요한데 하나라도 더 터서 크게 보여야 되니 말이죠.

참고로 나는 비확장 구조에서 작은방 하나만 확장해서 살고 있는데, 겨울에도 거실 및 안방에 우풍 하나 엄써요! 물론 요즘 단열 이중창을 다 하지만 그래도 발코니 있는 데하곤 단열에 차이가 많아요. 살아 보니 작은방 하나 정도만 확장해도 딱이더라구요. 주방 쪽 발코니는 가마이 놔둬야 주방 뒷 베란다가 넓어서리 빨래하기 좋고 김치냉장고도 놓고. 이넘으꺼 요즘은 주방을 뒤로 콱 밀어 붙여삐니 주방베란다가 거의 없어져삐지요.

내가 끌쩍거린 말이 다 맞는 말인지 아닌지는 독자가 독자 맘대로 판단할 일! 〈2012. 1. 5〉

발코니 확장비용도 취득세에 포함되나요?

정답은 '포함된다'이다.

일반적으로 어느 단지는(수성못코오롱하늘채, 웅진스타클래스 등) 분양할 때 분양가에 아예 포함시켜 놓고서는 '발코니 확장 무료시공'이라 해 놨고 어느 단지는(신천자이, 휴먼시아 등) 분양할 때 분양가와는 별도로 발코니 확장금액을 추가한다. 전자나 후자나 코에 걸면 코걸이 귀에 걸면 귀걸이인데.

구청에서 취득세를 부과하는 방법도 코에 걸면 코걸이 귀에 걸면 귀걸이식이다. 즉, 이 넘이나 저 넘이나 다 취득세를 내셔야 된다 이 말이지.

근데 옛날엔 개인이 확장하는 경우에 취득세 미포함됐잖아요? 옛날엔 발코니 확장이 불법이었지요!

〈2012. 1. 5〉

주택청약종합저축
1순위 납입회차 산정 허점 하나!

속된 말로다가 요즘 청약통장은 우리 동네 개들도 물고 댕긴다고 한다. 점잖은 양반이 그런 말 한다고 책망할지도 모를 일이지만.

내 딴엔 안다고 껄떡거리다가 오늘 실수 한번 했구만. 청약통장을 2월 20일에 가입하고 매월 10일에 최소 금액인 2만 원을 자동이체로 꼬박꼬박 넣었는디, 대구지역은 6개월 6회차 250만 되면 1순위인지라 향후 분양아파트를 겨냥하여 오늘 부족한 235만 원을 메꾸었는데 말이죠.(참고: 서울 수도권은 2015년부터 1년이면 1순위)

아 글쎄 235만 원을 CD기에다가 한 번에 탁 넣어야 되는디 아무 생각 없이 200만 원을 먼저 넣고, 35만 원을 넣고, 이리 두 번 갈라 넣어뻔 기라. 아이고, 아침부터 내가 무슨 정신으로다가 이리 실수를 했는지 모르갔시요.

그기 와 뭐가 잘못됐냐굽쇼? 200만 원은 회차가 10월분으로 잡히고, 35만 원은 회차가 11월분으로 잡힌다 이 말이지요. 따라서 11월 20일이 되야 1순위가 된다. 이 말입니다. 그라~

뻔히 알고 있는 나 같은 인간도 이리 나눠서 넣어

120910이체	09	8	*20,000
121010	10	9	*2,000,000
121010	11	10	*350,000
121010취소	10	9	*2,000,000
121010취소	11	10	*350,000
121010입금	10	9	*2,350,000

버렸으니, 이거 모르는 고객들은 오죽하겠수? 다행히 내가 바로 요청하여, 은행 직원이 본부에 전화하고 여기저기 전화하고 해서 CD기에서 나누어 낸 것을 몽땅 취소하고, 한 번에 창구로 낸 것으로 고쳐 주어서리 10월 20일 1순위가 되게 되었지만 고객들은 모르니깐 그냥 집에 갔다가 나중에 청약 넣으면 "당신은 아직 1순위가 아닙니다." 뭐 이리 나온 다음에야 부랴부랴 알아보고 하겠죠?

바로 여기에 청약회차 산정 프로그램의 허점이 있습니다. 만약에 9월분을 안 넣었다 카면 200만 원은 9월분으로 잡히고, 35만 원은 10월분으로 잡혀서 10월 20일에 1순위 되겠죠? 또 만약에 8월부터 2만 원을 안넣었다 카면, 200만 원은 8월분으로, 35만 원은 9월분으로 잡혀서 9월 20일자로 1순위 되겠죠?

즉, 꼬박꼬박 착실하게 내왔던 고객만 이리 골탕 먹는단 말이지요! 농땡이 치면서 넣다가 말다가 한 사람은 괜찮고 말이지요. 이런 기 바로 허점이 아니고 뭡니까??

그카마 미리 250만 원 채워 넣지 말라꼬 여태 농땡이 쳤냐구요? 그건 모르는 말입지요, 우리나라 요즘 서민들 돈 200만 원 여웃돈 없는 사람 천지삐까리인 기라. 있는 사람들은 대부이자 돈까지 내 쓰는 팍팍해진 서민들 사정은 상상도 몬할 끼구만은….

아, 이거 하나 설명할라 카다가 글을 넘 많이 썼나?

아파트 당첨 부적격자는 어떤 불이익을 받나?

　내 집 마련을 손꼽아 기다리는 무주택자입니다. 아끼고 아낀 청약예금통장이 있습니다. 인기 아파트에 청약을 했습니다. 경쟁률이 말도 못하게 셉니다.

　기분 좋게 당첨됐습니다. 그것도 억수로 로얄 호수에 당첨됐습니다. 이쪽저쪽에서 전화가 오고 난리입니다. 좋은 값에 팔아라고 말입니다. 절대로 안 판다고 답합니다. 무주택자이므로 실입주할 꺼니깐요. 목에 힘이 잔뜩 들어갔습니다. 인간이 간사하다꼬 말투도 쪼매 시건방져졌습니다.

　부푼 꿈을 안고 며칠이 지났습니다. 호랑이 마누라한테도 모처럼 껄떡거리며 큰소리 한번 쳐봅니다. 모델하우스라 하며 전화가 띠리링 옵니다. 기분 좋게 받았습니다. 모델하우스에 전화 오는 것도 반갑기 그지없습니다.

　가점제 점수 체크를 위해 서류를 구비해오라 합니다. 당당하게 서류를 구비해서 갔습니다. 아, 그런데 점수 산정을 잘못하야 부적격이라 합니다.

　카트라인이 50점인디, 49점이라 하네유. 부양 가족수를 잘못 산정한 것입니다. 아이고, 이거 우야마 존 기요? 무식하게 밀어붙여봅니다.

#77

"인제 겨우 내 집 마련할라꼬 하는디 쪼매마 봐 주시면 안 되나요?"
"호부 1점 차이일 뿐인디 고마 눈감아 주이소!"

집에 가면 호랑이 마누라한테 맞아 죽습니다. 아니 쫓겨날 지도 모릅니다. 우얄끼고 인자? 농담 아닙니다. 진짜 맞아죽어요! 요새 아지메들 눈꼬리가 얼마나 무섭게 치켜 올라 갔다구요? 왠만한 남정네들은 이럴 때 죽사발도 못 써요. 아이고, 세상이 우야다가 이리 되뿟노?

사정이 통할까유? 절대 안 됩니다! 하늘이 두 조각나도 안 됩니다. 그뿐입니까? 벌칙이 있답니다. 그 통장을 1년간 사용 못 한다 하네유. 왜? 내가 다른 한 사람의 당첨 기회를 뺏었다나, 머라나?

아이고, 1년 지나뿌마 별 볼 일 없는 지역에 아파트만 분양할 낀디 우야마 존노? 그렇다고 통장을 버리고 새로 가입해 버려? 6개월 지나면 1순위가 되니깐. 이미 5년이나 지난 통장이므로 점수가 아깝아서리 그리 못합니다.

만약에 통장가입이 1년 미만 정도면? 깨버리고 새로 가입하는 게 6개월 단축되니깐 더 유리하겠죠? 〈2013. 7. 3〉

아파트 청약 시, 소형 저가주택 주택 수의 제외 기준은?

10억짜리 집도 한 채로 본다.
1억짜리 집도 한 채로 본다.
7천짜리 집도 한 채로 본다.

전용면적 100㎡ 집도 한 채로 본다.
전용면적 84㎡ 집도 한 채로 본다.
전용면적 20㎡ 집도 한 채로 본다.

이럼 억수로 억울합니다. 특히나 대구 같이 소득 수준이 전국 꼴찌인 도시민들은 말입니다.

그라마 우야마 존노?

전용면적 20㎡짜리 집은 말이 집이지 집이라 하기 좀 그렇습니다. 무시하는 건 절대로 아니구요, 10억짜리 집 같은 것과 동급으로 치기는 그렇다는 것입니다. 문디 콧구녕만한 집하고, 대궐 같은 집하고 우에 같은 집인기요? 따라서 20㎡ 이하의 집은 무주택 기준에 한해서 제외시켜줍니다. 즉, 20㎡ 이하 집은 한 채가 있더래도 무주택으로 간주한다 이 말입니다.

그라마 20㎡가 쪼매 넘더래도 값이 개떡같이 나가는 집은? 그런 경우를 생각하여, 60㎡ 이하이면서, 공시가격이 7천만 원 이하면 무주택으로 봅니다.

무주택자 선정에 있어서만 위 두 가지 기준이 청약자격 기준에 있습니다.

여기서 잠깐. 만약 내가 2억짜리 집이 한 채 있고, 60㎡ 이하이면서 공시가격 7천짜리 빌라가 하나 있으면 나는 1주택 소유자가 되남유?

아닙니다! 위와 같은 1주택 소유자나 다주택 소유자는 위 기준을 적용받지 못합니다. 즉. 2억짜리 집과 20㎡ 이하짜리 빌라 한 채가 있다면 그 사람은 2주택자의 규정에 적용받는다, 이겁니다.

이것이 함정입니다. 위 글에서 분명히 무주택 기준 적용에만 해당된다 했잖아요. 이런 규정을 모르다가 부적격이 덜컹 나면 마누라한테 맞아죽습니다. 〈2013. 7. 3〉

(2015. 3월부터 수도권의 경우 '60㎡ 이하의 공시가격 1억 3천만 원 이하 주택', 지방은 '60㎡ 이하의 공시가격 8천만 원 이하 주택'으로 각각 기준을 바꾸기로 했다는 걸 참고하시기 바랍니다)

아파트청약 시 당해, 기타는 무슨 뜻인고?

아파트청약을 할 때 언젠가부터 당해니 기타니 구분을 하는데, 이기 당췌 무슨 말이고?

이전에는 청약 시 당해지역 주소자만 자격이 있어서 그런 말이 없었는데, 지금은 광역청약이란 게 있어서리 그런 말이 생겼구만은.

그카마 광역청약이 머꼬? 대구 아파트 분양청약에 경북사람도 대구로 주소 옮길 필요 없이 청약할 수 있게 한 제도다. 그 대신에, 대구사람들이 우선적으로 먼저 갖고 가고 남은 찌끄라지가 있어야 경북사람에게 돌아간데이. 여기서 대구사람을 당해라 카고, 경북사람을 기타라고 명명하구만은.

거꾸로 대구사람이 경산 분양아파트에 청약하면? 경북사람이 당해, 대구사람이 기타에 들어가제.

내가 우스갯소리로 맨날 이바구하는 통학하는 청약통장이 바로 기타를 말한다구. 통학해서는 대구에 당첨되기 힘들어요. 공부할 시간이 없잖아. 경북사람들은 대구아파트를 분양받아 대구에서 살려면 하숙집 얻어가꼬 주소를 확 옮겨삐야 된다구. 글타꼬 위장전입하마 안 되거든. 그건 범법이야. 검찰에 불리간다고.

〈2013. 11. 14〉

땡전 한 푼 없이 청약예금 유지하는 방법

요즘은 동네 강아지들도 청약통장 물고 댕기는 시대이므로 아파트청약을 위한 청약예금 통장을 대부분 가정에 보유하고 있다.

네 식구가 네 개를 보유한다면 그 금액이 얼마나 될까? 250짜리면 1,000만 원, 400짜리면 1,600만 원이다. 빠듯한 살림에 돈도 없구만은 이만큼 여유들이 다 있을까?

내 경우를 보자.
집 구석에 식구수대로 청약통장이 4개인데, 통장마다 돈이 꽉꽉 차 있어야 하지만도, 사실은 전부 빈 껍띠기다.

기업은행 250만 원짜리 청약통장의 예를 들어보자. 현재 250만 원 담보대출을 받고 있어서 대출 뺀 잔고는 그야말로 꽝이다. 뭔 귀신 씨나락 까묵는 소리냐굽쇼? 요즘은 청약예금의 100% 몽땅 대출된다구.

250만 원에 대한 이자 약 년2.9%(청약예금이자 1.8%+1.1%)이므로 월 6,000원 정도만 내면 되야. 이렇게 4개통장에 대한 이자 월 6000x4=24,000 정도 된다. 즉, 월 24,000원만 있으면 가족 청약통장 4개는 돌아간다 이 말이지러.

그라마 청약예금에 대한 대출을 100% 몽땅 냈으므로 예금자체의 이자는 없겠네? 천만의 말씀 만만의 콩떡이다. 예금이자는 250만 원에 대하여 1.8% 꼬박꼬박 붙고 있데이. 따라서, 실질적으로 부담하는 순수대출이자는 약 1.1% 정도라고 보면 된다.

그카고 보니 통장에 땡전 한 푼도 잔고 없이 청약한다고 꺼떡거리고 있잖아. 날도둑놈 심뽀다 내가. 〈2017. 5. 19〉

(은행마다 대출금액이나 이율이 다를 수 있음을 참고할 것)

요즘 아파트
1순위 청약경쟁률에 대하여

요즘 대구 분양단지마다 경쟁률이 높은 가장 확실한 이유 뭐꼬?

- 첫째는 노는 통장이 많다는 것.
- 둘째는 묻지마 단기투기가 만연하다는 것.
- 셋째는 분양세대수가 적다는 것.
- 그 다음 넷째가 그 아파트의 가치를 보고 청약하는 실수요자들.
- 장롱 속에서 질식할 것만 같은 통장들이 이참에 콧구녕 바람 쐬러 기나왔는데,
- 시방 대구에 분양세대수가 따문따문 소규모만 있으니 헛바람만 쐬게 됐어.
- 그만큼 대구에 청약통장이 많다는 걸 강조하고픈 마음에서 구구절절 이바구하는 거다.
- 소위 말하면 묻지마 청약 뭐 이런 거지러.
- 따라서 경쟁율이 높다고 더 좋은 아파트다라고 단순하게 판단할 필요는 없다는 거야.
- 요즘은 대구든 서울이든간에 프리미엄 많이 붙는 아파트가 제일 좋은 아파트라는 분위기다.
- 앞에 강이 있든 숲이 있든 암 꺼도 없든간에 돈만 되면 제일 좋은 아파트인 거라.
- 집이란 말 그대로 삶터인데, 세태가 이리 돈으로 바뀌어뿌가꼬 맘은 억수로 쓰산하다구.
- 내집 마련의 수단이 되야 할 분양권이 시방은 무

슨 주식이나 투자금융상품처럼 되었뻤다 이거야.
- 우량주인지 날라리주인지 프리미엄이 얼마냐를 갖꼬만 단순 판단한다 이거지.
- 자기 집 없는 진짜배기 실수요자가 나한테 다음과 같은 질문을 하는데 여러분들 답 한 번 줘 보소!
- "우리 동네 A아파트하고 B아파트하고 어디가 더 좋아예?" 이건 분명 어디가 더 돈 되느냐는 질문인데.
- 여러분 같으면 오데가 더 좋겠다고 분명하게 답할 수 있나요? 점쟁이한테 물어봐야 되잖수 이런 건.
- 나 이런 질문 받으면 제일 기분 나빠 퉁명스러워져유. 흡사 점쟁이 취급 당하는 기분이거든.
- 실수요자는 자기사정에 맞게 소신껏 집을 결정하소 제발! 엄마가 존나? 아빠가 존나? 이런 거 하덜 말고!
- 그리고 나는 엄마도 아빠도 둘 다 좋기 땀시로 누가 그중에 쪼매 더 좋다는 말 절대 못혀!
- 나도 억수로 마음 약한 남자거든.
- 아 참! 30번쯤 떨어져 본 어떤 사람이 요번 봉덕화성에 낙첨되면 신천에 빠져 죽는다는 분도 있던데?
- 하이고야 고까이꺼 떨어졌다꼬 죽으라꼬 부모가 낳았는 줄 아남? 내 절대로 안 말린데이.
- 신천에 빠진다고 죽지는 않을낑께 미역국이나따나 많이 챙겨묵고 힘을 내서!
- 청약시장은 넓고 청약통장은 죽지 않는다. 〈2017. 6. 15〉

청약고 경쟁률엔 마음 비우는 것이 건강에 좋다

범어동 L아파트 추첨제 청약경쟁률이 무려 185대1이다. 185명 중에 단 1명만 뽑는다는 말인 기라.

그런데 그 단 1명이 바로 본인일 수도 있다는 사람이 많을까? 그 단 1명은 절대로 본인일 수가 없다는 사람이 더 많을까?

결론은 내 경험상 전자가 더 대부분이더란 말이다. 자기는 185명 중에 그 흔하디 흔한 184명이 아이고 귀하디 귀한 단 1명이다, 이거야.

공주병도 아이고 왕자병도 아이다. 시방 분양권 시장을 기웃거리는 대구시민들의 심리적인 상태가 그러하다.

무슨 개똥철학을 가진 것도 아이고 확률을 몰라서도 아이다. 요행수를 바란다는 분위기가 넘쳐난다는 거다.

'다 떨어져도 나는 된다'라는 생각을 가지는 것이 과연 긍정적인 사고라고 볼 수 있나? 아니면 나는 떨어진다라는 생각을 가지는 것을 부정적인 사고라고 볼 수 있는가?

집착하는 것은 바람직하지 않다. 그건 자기 아집일 뿐이다. 그냥 편하게 비우는 것도 우리 살아가는 데 도움된다라고 말하고 싶다.

아마도 게중에 당첨되시는 분들께서는 틀림없이 이리 말할 것이다. "봐라! 내 안카더나. 다른 사람 다 미역국 묵어도 나는 소고기국 묵는다, 안카더나."

지금 이 글을 쓰는 중에도 당첨을 염두에 둔 사람들의 자기 아집적인 전화가 이어진다. 185명 중에 단 한 명이 바로 내가 된다는 가정하에 전화로 그 당첨 이후 고민을 상담하는 것이다. 만약 수화기 들기 전에 한 번만 생각을 뒤로 물려 다시 생각해 본다면 아마도 쪽팔리가꼬 전화 몬할 끼다.

쪼매마 참았다가 진짜로 185명 중에 내가 덜커덩 걸렸다 카면 그때 비로소 전화하면 된다. "보소! 내 걸렸거든. 이거 우야마 존기요?" 이렇게 말이다. 목에 힘 팍 주고!

세상은 이기적인 것인가? 아님 소시민의 작은 희망이라 해야 되남? 〈2014. 6. 24〉

나한테 한 개의 청약 통장이 있다 치자.

3월 12일 A아파트 1순위, B아파트 1순위다.
3월 13일 C아파트 1순위다.

3월 19일 A아파트, B아파트 당첨발표다.
3월 20일 C아파트 당첨발표다.

세 군데 다 맘에 든다 치자.
이거 우야마 존노?

A와 B는 당첨발표일이 같으므로 중복청약 못한 데이. A와 C 또는 B와 C는 당첨발표일이 다르므로 중복청약 가능하데이.

그라마 발표가 먼저인 것이 당첨되면 뒤에 발표 나는 건 우야노?

정답. 먼저 발표 나서 당첨된 거만 유효하데이.
(즉, 먼저 발표난 곳에 당첨되면 다음에 발표 나는 것은 자동으로 전산으로 걸러짐)

뭐? 뒤에 당첨 발표 나는 아파트가 더 맘에 든다 꼬? 에라이. 욕심부리지 말고. 〈2014. 3. 7〉

아파트 청약 시 주택 소유 여부에 부부는 무조건 합산한다

요즘 느즈막히 청약시장에 기나오시는 지긋하시고 무뚝뚝한 아지메들의 전화를 종종 받는다.

"집이 아저씨 앞으로 돼 있으면 나는 무주택인기요?"
"그라마 아지메는 남의 집에 사능교??"
"아저씨 앞으로 부산에 집 있고, 나는 세대주로 떨어져 나와 가꼬 대구에 사는데 나는 무주택이지요?"
"그라마 아지메 친구들이 물으면? 아지메는 집이 없다 카능교? 있다 카능교?"

무뚝뚝한 갱상도 아지메 질문에 무뚝뚝한 갱상도 남자의 대답이다.

집이 한 채든 열 채든 어느 한쪽으로 이름이 돼 있다 카드라도 부부는 죽어도 살아도 무조건 합산하여 계산한다. 청약할 때. 〈2015. 9. 3〉

특별공급을 분양세대수가 적은 단지도 하나?

암만. 특별공급하지! 세대수하고 특별공급하고 무슨 상관이고? 암 상관없다구. 세대수가 적어도 특별공급은 규칙대로 하는 거야~

뜬금없이 무슨 소리냐고? 좀 있으면 대구 만촌3차 화성파크드림을 분양하거든. 근디 300여 세대 좀 넘는데 조합원들이 거의 갖고 가고 90세대 정도 남았거든. 그거 일반분양하는데, 세대수가 적으므로 특별분양 절차를 하느냐? 이리 묻는 전화가 많다.

하냐 마냐는 분양회사 사정이 아니다라는 것만 알고 있음 쉽게 풀 수 있어. 잉? 무슨 시험문제 풀이 하느냐고? 그기 아이고, 문제해결에는 항상 논리적으로 접근해야 된다는 말이다. 무조건 대고 외우기만 하면 안 돼. 그카마 시험에 판판이 떨어져삔다구.

대한민국 모든 아파트는 분양할 적에 주택공급규칙이라는 걸 따라야 돼. 시장 질서를 문란케 하지 않기 위해 국토해양부에서 만든 규칙인 거지. 거기에 따라 특별공급, 1순위, 2순위 이런 과정을 거치게 되어 있다구.

그걸 분양회사에서 어기고 지 맘대로 해? 껄떡거리다가 국토해양부장관한테 맞아죽을라고~

〈2013. 11. 4〉

특별공급, 왜 하나?

특별공급이라는 거 말라꼬 맹글어가꼬 우리 같은 일반들이 당첨 기회가 좁아 지노?

특별공급이라는 건 바로 우선권을 준다는 것인데, 명목은 정해져 있다. 오데 정해져 있다고? 바로 전편에서 말한 주택공급 규칙에 말이다.

게 중에 특별한 특별공급도 있는데, 바로 혁신도시에 이주하는 공공기관 직원들에게 우선 배분하는 거가 좋은 사례가 되지. 혁신도시는 전체 공급세대수의 70%까지 의무적으로 우선 배정한다구.

가뜩하나 신의 직장이라 카디만은 이거 넘 하지 않냐고? 내가 생각해도 너무하다는 거. 그러나 서울 직원들을 지방에 내려 보낼라 카면 어쩔 수 없다 카데.

우리같은 촌놈들만 불쌍한 거라. 우리는 분양받으려 해도 경쟁이 쎄서 몬 받잖수. 더구나 공공기관 종사자들 배분 물량은 대부분 미달이야. 배부르더라구.

그 외 일반특별공급에는 다자녀라든가 신혼부부라든가 노부모 부양자라든가… 보통 사람들보다 더 집이 급한 사람을 우선으로 공급하자는 취지인기라.

〈2013. 11. 14〉

특별공급, 어떤 게 있나?

다자녀 특별공급

아그야들을 많이 낳으면 우선권을 준다. 일단 3명 이상이면 된데이. 우리나라 출산율이 떨어지는 데 대한 정부차원의 배려다. 비교적 당첨확률이 높은 거라. 따라서 암 데나 청약 쑤셔 넣지 말고 귀한 데 단디 골라가꼬 써 묵어야제.

노부모 부양 특별공급

이기 다자녀 특별공급보다 더 귀한데. 부모를 3년 이상 봉양해야 되는 기준이 있는데, 이기 귀하다는 것은 그만큼 부모 모시고 사는 사람들이 없다는 세태가 반영되는 항목이니 서글퍼질라 칸다. 엔간하면 요새 따로 살잖수. 이거도 암 데나 써 묵으면 안 된데이.

신혼부부 특별공급

3년 이내면 1순위, 5년 이내면 2순위지 아마? 5년이 넘으면? 하하, 그건 신혼이 아니잖수. 이게 분양 시장에서 제일 많고 흔한데, 경쟁률 쎈 데는 1순위 2자녀도 2대1이 넘어가는 데도 더러 있어. 자녀는 뱃속에 있어도 증명만 되면 인정한다. 나기 전부터 효도하는 거제. 허허, 그 참 세월이 좋아졌당께.

일반특별공급

  요건 국가유공자나 장애자 등등을 말하는데 해당 지방자치단체장의 추천을 받아야 한다.

  위 기준 외에 무주택이어야 하고 일반특별공급 외에는 청약통장 1순위 요건이 되어야제.　　　　　　　　　〈2013. 11. 14〉

아파트 청약 후 가점 커트라인 얼마?

대구 월배2차 아이파크아파트 청약마감일은 10월 2일이다. 물론 1순위로 몽땅 마감됐다.

오늘은 10월 4일이다. 호부 2일밖에 안 지났다. 10월 11일이면 발표 난다. 이미 청약하신 분들은 일주일만 기다리면 된다. 지금 궁금해봤자 이미 배 떠나간 항구요, 버스 지나간 뒤에 손 흔드는 격이다.

근디 그기 어디 맘대로 되남? 성질 급한 양반들도 많잖아. 어제부터 오늘까지 이틀간 끊임없이 전화 온다. 대부분이 내가 어떤 평형으로 냈는디, 당첨가능점수가 얼마냐구?

내가 귀신이가 점쟁이 옆집에 사나? 우얘 안단 말이고? 나도 궁금하데이.

기왕에 청약하신 분들! 일주일만 쫌 느긋하게 기다리소! 세월은 억수로 빠르구만은….

〈2013. 10. 5〉

걱정스런 대구아파트 분양 분위기 한 장면

엊저녁 8시 넘어 퇴근 후 집이다. 보통은 퇴근 후 집에서는 전화 안 받는다. 하지만 어제는 때도 때인 만큼 전화를 받았는데,

"내일 대봉태왕 발표날인데 당첨되면 프리미엄 얼마 받을까요?"
"아, 점수가 높은가 보죠?"
"아닙니다. 점수는 안되는데 추첨에서 당첨되면요?"

이런 전화가 똑같이 세 통이나 온데이. 이거 울어야 되나 웃어야 되나?

그거도 저녁 늦은 시간에…. 그것도 쪼매 몇 시간만 기다리면 발표나구만은 그거 몬 참아서리…. 진득하던 대구사람들 언제부터 이리도 가벼워져뿐노?

100대1이고 30대1인데다가 당첨되면 프리미엄 걱정하다니? 이런 분들은 분명 이런저런 소문 듣고 인자 청약 첨 넣어본 기라. 마치 로또 한 장 사 놓고 당첨 후를 걱정해서 당췌 잠을 몬 자는 거와 같아.

이런 분위기는 인제 머라 캐야 되노? 인자 막바지라 캐야 되나? 아님? 분위기 좋다 캐야 되나?

그건 각자에 판단에 맡긴다. 여긴 전문가가 없는 기라. 나도 몰러유~

근데 당신이 걱정할 일이 아이라구? 내가 걱정하는 것은 그기 아이다. 요행수를 바라는 대구사회 풍토가 걱정된다, 이거야~ 우야다가 이리 되뿐노?   〈2013. 11. 14〉

시장市場에서 답을 찾아라
당첨 후 계약할까? 말까?

요즘 이런 문의 전화로 너무 많이 시달린다(?)

"테크노폴리스 ○○아파트 투자로 계약해도 되나요?"

"경산신대지구 당첨인데, 앞으로 1년 후 어떻게 보시나요?"

"혁신도시 LH B5 특별공급하려는데, 괜찮겠어요?"

결론은 나는 절대 하라 마라 할 자격이 없다는 거다. 본인의 것이므로 본인 판단하에 소신껏 하고 1년 후 본인이 책임져야 하는 게 원칙이다.

나는 주로 이런 원칙적인 것만 이바구한다. 상담 전화하신 분들에게 시원한 답을 못 드리는 거지. 어찌보면 1년 후에 괜찮을 거다 아니다라고 답해드리면 그기 잘못된 거 아니우? 어떨 때는 나도 사람인지라 짜증도 쪼매 나구.

어느 분은 테레비에 나와서리 내년 봄이나 가을이 대구 집 사는 데 적기라 카던디? 지금 대구시장에서 이론만 가지고 그리 딱 찝어서 점쟁이맹쿠로 말하는 거 아니여~ 만약 그게 틀린다면 누가 책임질겨? 물론 기자가 취재속성상 그런 구체적인 답을 원하더라도 어디까지나 판단은 본인들의 몫으로 남겨둬야 된다구.

왜 위 첫머리에 예를 들었던 그런 전화가 나한테 올까? 위 단지들은 다른 단지맹쿠로 당첨되자마자 바로 시장이 형성되는 게 아니고, 1년 전매제한이므로 1년 후에 시장이 형성되기 때문인데 이 예측은 작금의 대구시장의 형편으로선, 부동산에서 딱히 전문이 아니라는 사실을 알아야 한다. 어찌 보면 이건 점쟁이한테 물어야 오히려 맞는 말일 것이잖아.

즉, 지금 대구아파트 분양시장에서 누가 감히 1년 후를 제대로 내다볼 수 있나? 작년, 재작년만 해도 나는 단호하게 1년 후를 망설임 없이 단언했더랬는데, 그때는 안 따라주던 사람들이 이제 와서 다시 1년 후를 예측하라니?

대구아파트 분양권시장은 1년 전하고 지금하고는 딴판이다. 1년 동안 너무 많이 위쪽 방향으로 변했다는 거제. 1년이라는 시간이 대구에서는 억수로 길다 이거야~ 1년 전, 2년 전을 거슬러 올라가 볼 때 대구의 1년은 결코 짧은 시간이 아니랑께~

그카마 답을 오데서 찾으란 말인교? 바로 시장에서 스스로 답을 찾아라는 말이다.

모델하우스에서 사람들이 움직이는 분위기.
청약률, 계약률 등등.

발품을 팔아 현지답사도 수시로 해 보고, 승용차 타고 시간 거리도 재보고 지하철에서 시간도 재보고.

주위 시세도 알아보고 등등.

노력을 해야 한데이. 공인중개사한테 전화 한 통 쪼르륵 해 보고 결론내릴 일이 아니잖아!

그런 다음에 계약 여부는 판단할 일인거라. 그런 다음에 책임은 본인이 스스로 지는 거라. 또 교과서적인 이바구지만도 여유자금을 가지고 좋은 동호수를 쥐고 가야~ "1층 당첨인데요. 가져가도 되나요?" 이런 질문도 받는데, 우찌 답해야 되나요? 그런 류의 질문엔 내가 다부로 묻고 싶데이.

시민들이 너도나도 청약을 한다면? 나도 통장 아끼지 말고 청약을 하면 될끼고, 당첨자들이 대부분이 계약을 한다면? 나도 그리고 따라가면 된데이. 반대로 대부분이 포기한다 카면? 나도 포기하면 돼!

결국은 1년 후 시장은 그 사람들에 의해 움직일 거잖수. 그라마 손해 보더래도 같이 손해 보고, 벌어도 같이 벌잖수. 다른 사람 즉, 시장이 가는 대로 나도 따라가면 돼! 다들 서울로 기올라 가는디, 나 혼자 거꾸로 부산행 열차 타는 거 아니여! 나도 따라서 서울 가야 되잖아. 그렇지 않나요?

시장에서 답을 찾아라! 〈2013. 11. 26〉

대구 사람이 보는 서울발 부동산 뉴스의 불편한 진실

어제 인터넷 포털 머리뉴스 제목 중에 7억에 아파트 팔고도 빚이 7천. 뭐 이런 기사를 언뜻 봤는데, 어제 언뜻 스치듯 본 기사 제목이 아직도 뇌리에서 사라지지 않구만은.

내 머릿속엔 7억이란 숫자가 뱅글뱅글 돌고 돌고 돌고 돈데이. 아파트값이 7억이면 서울 강남에선 보편적인 가격이 아닌가 싶은데, 그것도 한참이나 떨어지고 떨어지고 떨어진 값이 그렇다는 것일 터인데,

그카마 떨어지기 전엔 얼마를 했든고? 아마도 2배는 족히 되었지 않나? 생각된다. 14억은 돼야 7억을 대출 내줄 거 아닌가배요. 시방 내가 소설 쓰는 거 아니죠? 대충 계산이 맞는 거 맞죠?

그리 계산한다 카면 7억을 가지고 14억짜리 집 사갖꼬 7억은 대출받았다 뭐 이리 계산이 안 나오능기요? 그래 갖꼬 집값이 반토막 나서 집 팔고 나서도, 대출이자 갚을 게 빚으로 남는다. 뭐 이런 게 요새 한창 이슈가 되는 깡통주택이라 말이지요.(진짜 깡통으로 맹글은 집이 아님)

그카마 7억이란 게 왜 자꾸? 내 머리 속을 뱅글뱅

글 돌아가느냐? 대구사람인 내가 생각할 땐 그 돈이 너무 크다 이런 말입니다. 모르긴 모르지만도, 나뿐만 아니고 대구시민들은 나하고 생각이 다들 똑같을 끼구만은. "나는 니하고 생각이 안 같다."라는 대구사람 시방 손 한번 들어 보소!!!

시방 대구에 7억에 팔릴 아파트 얼마나 될까요? 황금네거리 새 아파트 수성SK리더스뷰, 어제도 분양홍보관에 가 봤지만도, 제일 큰 74평짜리, 할인분양해서 8억 쪼매 더 넘어예. 두산위브더제니스도 77평짜리나 돼야 그 정도 이상 값이 나간다구.

대구 상위 1%만이 가질 수 있는 집 아닌가요? 아마도 대구는 하우스푸어 별로 없을끼구만은. 대구는 고작 서민들 34평 집 해 봐야 2억 남짓 그 이하이므로 50% 대출 낀다 캐도 1억 대출에 이자 한 달에 30만 원대거든. 삼척동자라도 이 정도 계산은 할 줄 알지 않습니까?

집 사면서 1억 이상 대출받은 대구사람도 별로 없시요. 그 정도면 겁이 나갖꼬 발발 떠는구만은. 대구사람들 보수적이고 고집 쎈 거 같지만도, 단디 딜다 보면? 간도 쪼맨하고 억수로 순진하거든.

하우스푸어가 없으므로 대구사람이 서울사람보다 훨씬 부자라굽쇼? 여러분들이라면 이 질문에 우에 대답해야 되겠능기요? 비록 하우스푸어가 될지언정 나도 그런 집(14억짜리) 한번 사 봤

으면 좋겠습니다. 그까짓 거 죽을 때 죽을지언정~

울 나라가 우야다가 수도권과 지방이 이리 차이가 나뻰는가? 라고 생각해보니 마음이 쪼매 껄쩍찌근해서 이따우 글이라도 써야 편할 것 같아서리 나 혼자 주저리주저리 해 봅니다. 그랴!!

우리나라 부동산 뉴스는 죄다 서울발 뉴스입니다. 지방은 없다는….

아, 하우스푸어가 되신 분들에겐 안타까운 마음입니다. 오해는 없으시기를….

〈2013. 2. 6〉

대구아파트 분양시장을 아직 모르는 이는 억수로 행복한 사람이다

요즘 대구, 너도나도 아파트 청약하느라 난리벅구통이다. 모델하우스 문만 열었다 카면 동네 개들까지도 다 관람하러 간다. 성질 급한 대구분들께서 줄까지 세우는 데도 참아가며 기다린다.

아무리 그렇지만 동네 개까지라구? 거짓말하지 말라굽쇼? 나 일요일에 봤당께요. 경산푸르지오 모델 앞에 개 안고 줄 섰는 아지메 몇 분. 너도나도 관심을 가진다는 걸 좀 더 자극적으로 표현하려고 보니 개도 등장시켰으니 오해 마시길.

그건 그렇고, 이렇게 온 동네 아지메, 아제들 다 모델하우스로 기나오시는 거 쪼매 눈여겨 볼 필요 있다구. 무슨 조짐인지? 좋은 현상인지? 나쁜 현상인지? 각자가 판단할 몫입니다. 지금 대구 분양시장 향후 예측에는 전문가가 따로 없다는 뜻입니다.

근데 말입니다. 아직도 새카맣게 이런 대구 분양시장을 모르는 분들도 많습니다. 아파트값이 천날 만날 떨어져만 가는데 이기 무슨 콩 궈 묵는 소리냐구? 항변하는 분들도 많아유.

이런 분들은 바깥세상을 쪼매 멀리 보는 분들입지요. 어디까지 멀리 본다굽쇼? 서울까지 말입니다, 서울. 뉴스만 틀면 서울부동산 하락 소식이잖아요. 대구하고 딴판이랑께유.

근데 지가 요기서 하고 잡은 말은 무엇이냐? 바로 이런 분들이 억수로 행복한 사람이란 말입니다. 그깟넘의 분양시장 기웃거리지 않아도 묵고살 만하다카는 이바구이기 때문입니다. 그렇지 않나요??

부럽은 사람들입지요. 〈2013. 11. 12〉

둘 중 어느 아파트가 더 좋으냐? 단답식 질문에는 대답 못한다

제목이 쪼매 요상한데, 오늘따라 이런 질문이 몇 번이나 들어온다.

"범어숲 화성파크드림하고 이편한 범어(분양예정) 하고 어느 아파트가 더 좋아요?"

"e편한세상 범어(분양예정)하고 수성1가롯데캐슬 (분양예정)하고 어느 아파트가 더 좋아요?"

이런 질문하는 경우에는 대답을 바로 하기 힘들다. 점쟁이 옆집에 산다 카더라도 대답 못한다. 이런 건 상담이 아니다. 만약에 내가 진짜로 점쟁이여서 답을 정확히 안다 카면 더더욱 대답 못 한다. 왜? 그런 경우라면 내 혼자만 알고 내 혼자만 득보지 말라꼬 남한테 갈켜주노?

그리고 그런 건 누가 보더라도 단도직입적으로 말하기 곤란한 답이잖아. 만약에 어느 게 좋다라고 했을 때 그런 전화하신 분은 나한테 뭐 해줄 낀데? 잘하면 본전이고, 못하면 뺨이 세 대라고, 잘되면 자기 탓이고 못되면 조상(중개사) 탓이라고. 쓸데없이 이 나이에 뽈떼기 맞을 일 있남?

각설하고, 경우에 따라서 누가 봐도 뚜렷이 구분되는 단지도 있을 수 있다. 그러나 이 경우에는 누구라도 대답할 바가 못 되는 게, 아직 분양가조차 확정되지 않고 단지가 우에 생긴지도 안 나왔구만은 느닷없이 점쟁이 역할을 하라 카이 뜬금없잖아! 복채를 주는 것도 아이고.

아직 아웃라인도 안 나왔는데 "어느 아파트가 더 좋심더!" 이리 말하면 고객은 순간적으로 나한테 당겨올지 몰라도? 쪼맨한 이익을 기대하고 그렇게 내 맘에 없는 말 하면 내가 나쁜 넘이잖아.

투자자든 실수요자든 간에 쪼매 천천히 상황을 봐 가면서 다양하게 분석해서 자기 몸에 맞게 자기 소신껏 정하면 된다.

대구사람들 너무 성질이 급하남? 서두르면 탈나걸랑~

〈2013. 3. 18〉

타워형 아파트 선택하는 법

요즘 타워형 아파트가 많이 분양된다. 특히 전용 84㎡ 이상 아파트는 타워형이 많다. 정남향만 지으면 분양이 어려운 동향동이 생기기 때문이기도 하고 좁은 땅에 용적률을 끌어 올리다 보니 한 채라도 더 많이 짓기 위한 것이 아닐까? 어쨌든 앞으로도 타워형이 추세이니 좋든 싫든 맞춰 살아야 된다, 이 말이지.

대구사람들은 우짜든동 남향집에다가 판상형을 고집한다. 똥고집이 제일 쎄고 보수적이라 카지만 현장에서 느끼는 강도는 참으로 심할 정도더라. 이미 부산사람, 서울사람들은 타워형에 익숙해져있고 타워형의 장점을 잘 알고 있다.

장점은 무엇이고 단점은 무엇일까? 복도가 길게 빠져있기 땜시로 쓸데없는 공간이 많이 차지하는 단점. 그 대신에 양쪽으로 창이 나 있어서리 하루종일 밝다 카는 것이 장점이다. 또한 북쪽에 방이 없으므로 쓸모없는 방이 없는 것도.(참고로 우리 집은 판상형, 북쪽 뒷방은 겨울에 억수로 칩다. 그래서 거실에 기나와서 자지요.)

자, 타워형은 어찌 선택해야 하나? 보통 타워형은 두 집이 사이트 측면으로 길게 붙어 있다. 따라서 두 집 중에 어느 한 쪽을 골라야 한다. 거실, 안방 방향이 정남향이라 카면 별 문제될 게 없다. 하지만 보통의 경우에 대부분 거실 방향이 남동이나 남서방향이란 데서 문제가 발생한다. 거실이 남동이면 긴 사이드(주방 및 작은방 2개)가 남서이므로 가장 이상적이고 밝고 따시다. 거실이 남서이고 긴 사이드가 남동이라도 좋다.

문제는 거실이 남동이고 사이드가 북동인 경우나 거실이 남서이고 사이드가 북서인 경우는 겨울에 추울 수밖에 없고 일조권이 많이 침해받는다. 왜냐하면 타워형은 사이드 쪽이 길고 또 창이 보통 4개 이상 있기 때문이다.

필자는 지난겨울에 공사 중인 타워형 아파트에 수도 없이 들락거리면서 올라가 봤기 때문에 잘 안다. 벽 하나 사이에 두고 오후에 들어가 보면 공기의 온도가 두 집 간에 확 차이 난다. 춥단 말이지. 전망만 보고 이런 방향 잡으면 겨울에 얼어죽어요! 안 얼어죽으라 카면 보일러 억수로 마이 때야 된데이.

다음은 모 아파트 배치도인데, 단디 딜다 보면 2번 작은방 방향이 북동이란 걸 알 수 있다. 특히 거실이 통으로 양면창인 경우 더욱 방향이 중요하다. 타워 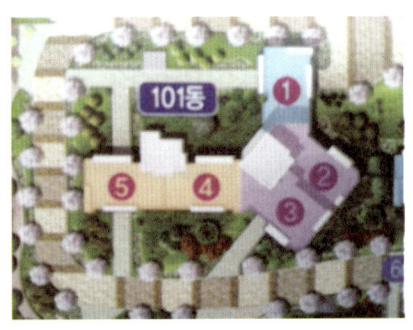 형은 유달리 칩고 길어지는 겨울을 감안하여 골라야 한다.

〈2011. 9. 29〉

3베이와 4베이의 의미와 장단점

3bay가 뭐고? 4bay가 뭐냐?

bay=건물 내외에 특정 용도로 표시해 놓은 구역이라고 사전에 표현해 놨다. 촌넘 말로다가 칸이라고 하마 되겠제? 따라서 3베이는 3칸이고 4베이는 4칸이다.

그라마 3칸짜리보다 4칸짜리가 더 좋겠네? 그기 그리 단순 비교할 수는 없는 것이니 우선따나 아래 그림부터 단디 살펴 보자구.

수성못 코오롱하늘채 전용84m² 3베이 판상형 발코니확장형.
2011년 6월 분양

안심역 코오롱하늘채 전용84m² 4베이 판상형 발코니확장형. 2015년 6월 분양

위 그림 두 개를 보면? 같은 브랜드인데 하나는 4년 전 모델이고 하나는 최신 모델이다. 눈치빠른 사람은 요즘 트랜드는 4베이라는 걸 단번에 알아 묵었을 끼구만은.

3베이는 집 꼬리지가 정사각형에 가깝고 4베이는 직사각형에 가깝다. 3베이 집을 앞 뒤로 누질러 납짝하게 맹글어뿌면 4베이가 된다.

4베이는 앞 뒤 가로 길이는 늘어나지만 옆면인 세로 길이는 줄어 든다는 걸 알 수 있다. 따라서 늘어난 가로 길이만큼 1베이를 더 만들 수 있으므로 4베이가 되는 기라. 지금부터 그 차이와 장단점을 연구해 보자구.

첫째, 4베이가 실사용면적이 쪼매 더 넓어진다.
발코니는 앞뒤 가로면에 있는데 4베이는 가로가 더 길어졌으므로 발코니가 더 넓다. 요즘은 발코니를 올확장하여 실사용면적으로 편입시키므로 결과적으로 4베이가 실사용면적이 넓다.

둘째, 주방은 4베이가 더 넓게 빠진다.
방 세개와 거실이 몽땅 앞면으로 배치되므로 뒷면에는 주방 지 혼자 만포장이다. 주방을 만포장으로 넓게 하고도 칸이 남아 돌아 @룸(팬트리)이라는 걸 하나 더 맹글 수 있다.

셋째, 안방전실이 4베이는 뒷창까지 뚫려서 마파람 구조로 시원하며 드레스룸도 넓다. 보통 3베이 구조에는 안방전실이 뒷창을 뚫을 수 있는 구조가 안 나온다. 안방 뒷면에 실외기실이나 방화실이 설치되어야 하기 때문이다.

넷째, 방의 독립성은 3베이가 쪼매 우세하다.
4베이는 방2개가 붙어 있어서 옆방 방음에 신경쓰일 수 있다. 그러나 거실에서 보이는 방문의 독립성은 3베이가 쪼매 불리하다. 거실에 엄마가 앉아 있으면 아아들 방에 들락거리는 거 다 보인다 이 말이지러.

다섯째, 거실의 크기는 3베이가 훨씬 뛰어나다.
3베이는 거실 중심 집이고 4베이는 주방 중심 집이라 해도 무리가 없다. 그만큼 4베이는 거실의 세로 길이가 짧다는 것을 육안으로도 볼 수 있다. 따라서 거실을 선호하면 3베이를, 주방을 선호하면 4베이를 택하면 된데이.

여섯째, 보온 문제는 3베이가 우세하다. 옆집과 닿은 세로면의 길이가 길기 때문이다. 반면에 4베이는 밖으로 노출된 가로 길이가 길어 겨울철 보온에는 불리하다.

일곱째, 조망의 다양성에서는 3베이가 유리하다.
4베이는 방 3개와 거실이 앞면으로 몽땅 배치되어 한 방향으로만 조망이 나온다. 3베이는 뒷방이 하나 있어 양 방향으로 조망이 나온다. 만약에 뒷편에 산이나 강이나 들판이 있다면 뒷 조망 나오는 3베이가 유리하다.

여덟째, 안방발코니가 3베이가 보편적으로 더 넓다.
요즘은 안방 앞 발코니만 남기고 몽땅 확장하기 때문에 빨래 널 공간은 안방발코니밖에 없다

4베이는 안방 폭이 3베이보다 좁기 때문에 발코니도 좁게 빠지므로 빨래 널 공간이 4베이가 더 좁다. 요즘 4베이 유니트를 보면 안방 앞 발코니가 방화공간을 제외하면 문디 콧구녕만하여 빨래널기도 힘들다.

아홉번째, 방이 3베이가 비교적 더 넓다.
4베이는 앞면에 방3개를 몽땅 배치해 놨기 때문에 방들이 좀 좁을 수밖에 없다. 특히 안방 세로 길이가 3베이가 길기 때문에 12자이상 장롱을 넣을 수 있다. 거실과 방 중심의 3베이에 살아오신 보수적인 장롱선호 어르신들이 3베이를 선호한다.

종합적으로 볼 때 요즘 젊은 세대에서는 4베이가 인기다. 우선 주부들의 생활공간인 주방이 넓고 ㄷ자로 쓸 수 있다. 실제로 집은 남성보다는 여성 중심으로 고르잖아.

발코니 확장 시대에 전체적으로도 실사용면적이 4베이가 넓으므로 우선 보기에도 집이 커 보인다구. 따라서 우선 시각적으로 고객 유인에 유리한 신평면인 4베이로 많이 가는 게 요즘 시장의 추세다.

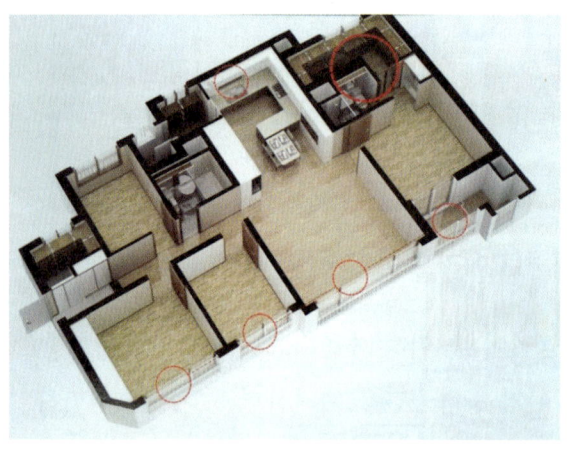

방 4개 나오는 전용84m^2 4베이 판상형 발코니 확장형. 왜관 협성휴포레. 2015

위 4bay 4room 신평면이 국민주택규모로서(전용·85m^2이하) 현재까지는 최고의 평면으로 보인다. 이러한 방 4개짜리 평면은 현관문이 세로면에 있기 때문에 가능하다. 그림을 단디 보면 현관문이 세로면에 위치하는 만큼 더 실사용면적이 넓어진다

〈2011. 6. 23〉

분양아파트 조감도 어떤 걸 봐야 정확할까?

아파트 분양하면 말이죠. 실제로 집을 다 지어논 것하고 똑같이 조감도를 맹급니다. 요샌 하도 컴퓨터 기술이 좋아서 한 치의 오치도 없게 말이죠. 모델하우스에 가면 축소판 입체 조감도도 있어요. 팸플릿에는 요리조리 찍은 조감도 사진 다 실려 있어요. 배치도도 잘 맹글어서 그려놨어요.

근데 말이죠. 우리가 간과하고 있는 억수로 중요한 이바구가 있습니다. 요즘 아파트는 지었다 카마 20~30층 이상 고층인데 말이죠. 모델하우스에 맹글어 논 입체조감도는 장난감맹쿠로 쪼끄만해서 당최 높이나 조망이나 제대로 감이 잘 안 잡힌다, 이겁니다. 무슨 동 무슨 층이 좋은지 햇살은 어떤지 말이죠. 특히 전문가가 아닌 초보자들에겐 더하겠지요.

왜 그럴까요? 문제는 조감도가 쪼끄만하다는 것, 정답은 바로 여기에 있습니다. 우리가 조감도 옆에 서서, 위에서 손바닥 딜다 보듯이 내려다보는 것에 문제가 있다는 것이지요. 손바닥같이 딜다 볼 수 있으면 좋은 거 아니냐굽쇼?

절대로 좋은 거 아닙니다. 오히려 그 반대입지요. 실제로 완공되고 난 후에도 우리가 위에서 뱅기 타고 내려다봅니까? 아니잖아유, 땅에서 위로 까마득하게 높이 쳐다 올려다보잖아요. 그쵸? 맞죠?

 실제로 20, 30층짜리 집 지어놓으면 얼마나 높은지 아십니까? 그런데 위에서 손바닥 딜다 보듯 쬐끄만 그림이나 입체조감도를 딜다 보면, 얼매나 높은 건물인지 감이 안 잡힌다, 이겁니다!

 그카마 정답은 뭡니껴? 바로 아래에서 위로 올려다봐야 된단 말입지요.(아래 사진) 아직도 안 지어졌는디 우찌 아래서 올려다 보남유? 사진이나 그림으로라도 아래서 위로 올려다보아야 한다는 말입죠.

 우리는 그림이나 장난감을 사는 게 아닙니다! 미래지만도 실제 다 지어진 집을 염두에 두고 사는 것이란 말입니다. 〈2012. 5. 4〉

소형(20형대) 아파트 심층분석. 요즘 왜 인기일까?

요즘 대구 분양시장에 말입니다. 소형 아파트(59m/25형) 인기가 하늘을 찌르는데 말입니다. 소위 묻지마 분양을 할 정도로 말입니다.

왜? Why? 뭐 땀시로? 그럴까요? 어설프나마 저랑 함께 심도 있게 딜다 봅시다. 자, 아래로 실실 따라 와 보이소~!

(1) 요즘 사무실에서 전화 받아 보면 말입니다. 신규분양 실수요자들 대부분이 젊다(20, 30대)는 것입니다. 예비 신혼부부, 신혼 10년차 이하, 또 자녀를 위해 집 마련해 줄려는 50, 60대들이란 것입니다. 이들은 큰 집보다는 작은 집을 찾게 되는 게 당연한 이치인 것입니다.

(2) 시방 은퇴하는 베이비부머(1955~1963년생) 세대들 또한 허세보단 실속을 추구하고 경제적 여유도 적어서 노후 2인 가족이 될 때를 대비, 집을 줄이려는 추세가 있다는 것입니다. 이제 큰 집 산다꼬 폼 낼 땐 아니지요.

(3) 그 다음, 구조적인 측면에서 단디 딜다 보면 말입니다. 시방 분양하는 59㎡(25형)짜리는 더 이상 소형이 아니란 말입니다. 그 무슨 귀신 씻나락 까묵

는 소리냐굽쇼? 과거엔 발코니 확장이 불법이었지만, 현재는 합법화되어 아예 집을 지을 때 쎄리 단체로 확장설계해서 지어버리니 전용면적의 약 30%나 차지하는 발코니 면적이 집안으로 끌어들여져서 이제 실사용 면적으로 되었기 땀시로 옛 84㎡(30형대) 아파트보다 더 넓었으면 넓었지 결코 좁지 않다 뭐 이런 말이지러. 거기다가 3베이 이상으로 지어서 일조량도 확보되고 말입니다. 방도 그리 좁지 않고 말이지요.

(4) 또한 욕실을 두 개나 맹글고 방도 3개나 맹글어삐니 살림살이 전혀 지장 없기도 하고 말입니다. 특히 20형대에 욕실 두 개는 매우 중요합니다. 우리나라 화장실 문화가 발달되서 요즘은 어디가도 줄 서는 사람 없지요. 발달되고 편리한 화장실 문화에 익숙해진 사람들이 내 집에서까지 똥오줌 눌 때 줄서는 거 인자는 몬 참는다구요. 쪼맨한 집구석에 욕실이 2개면? 크기가 개미콧구녕만큼 작을 거라구요? 안 작아요.

(5) 마지막으로 가격적인 측면에서 본다면 말입니다. 건설비, 인건비, 자재값 등 원가는 자꾸 상승하지요. 따라서 분양가는 자꾸 올라가는디, 내가 사는 집 평수하고 지금 분양하는 동일 평수하고 값이 안 맞아 떨어진다 이겁니다. 30형대는 저만치 달아나삐고, 20형대는 퍼뜩 쫓아와삐고, 뭐 이리 되어서 20형대도 인자 2억대 시대가 되삔 것입니다. 그리하여, 옛날에 30형짜리 중산층이 인제 20형짜리로 낮아져뿌는 대신에, 실사용면적은 차이나지 않고 말입니다. 30형대 분양가 1억 후반대 시대가 엊그제 같은

디, 불과 2, 3년 사이에 인제 2억대 후반 정도로 치솟아간다 말입니다.

(6) 투자자 입장에서 본다 카면 말입니다. 아무래도 작은 게 값도 싸고 처분하기가 가볍잖아요. 따라서 투자자들이 가장 선호하는 평수가 소형이다 아이요. 이것도 소형 중심으로 분위기가 뜨는 중요한 이유입니다. 〈2012. 8. 25〉

(위 글은 이 책 발행 2년여 전에 쓴 글로, 현재의 흐름과는 다를 수도 있으니 참고하시고, 다만 그동안 어떻게 트렌드가 변해 왔는가? 하는 걸 눈여겨보시면 좋겠습니다!)

(참고: 이 책이 발행되는 시점인 2015년 현재 대구는 전용 84㎡ 인기도가 전용 59㎡를 추월함)

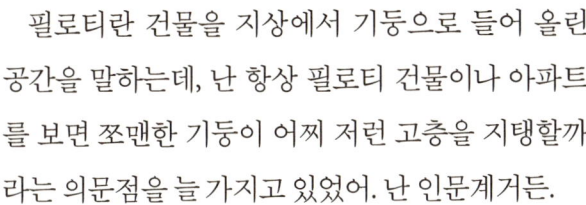

최근 주목받는 필로티 2층

필로티란 건물을 지상에서 기둥으로 들어 올린 공간을 말하는데, 난 항상 필로티 건물이나 아파트를 보면 쪼맨한 기둥이 어찌 저런 고층을 지탱할까 라는 의문점을 늘 가지고 있었어. 난 인문계거든.

원룸 같은 곳은 주차장 확보를 위해 죄다 이런 필로티 구조잖아. 아파트도 요즘 필로티 구조 억수로 많더라구.

필로티 바로 위층이 필로티 2층인데 요즘 요 필로티 2층을 찾는 사람이 더러 있다구. 왜? 층간 소음 문제 때문이지. 아래층에 다른 집이 없으면 아그야들이 맘대로 뛰어도 되걸랑~ 예전의 우리 시대에는 얼라들의 사정일랑은 무시해버렸었어~ "야, 뛰지 마! 아랫집에 시끄럽데이. 한 번 더 뛰면 고마 쫓아내버린데이." 이카면서 로얄층에 살았었어. 당연히.

근데 요즘 시대는 어떠냐? 즈거 부모한테는 별로 이면서리 즈거 아그야들은 핥고 빤다. 아그야들 중심으로 생각한다 이거야~ 부모는 로얄에 살고 싶지만도 아그야들 맘대로 뛰어라고 필로티 찾데. 아그야들 천국이야~ 필로티를 찾는 거 보면 바로 이런 시대상의 반영이지러.

그라고 방범에도 유리하고 전망도 그냥 일층보단 낫지러. 2층인데 뭘 전망씩이나? 하지만 일층하곤 차이가 엄청 난데이. 단독주택 1층 살다가 2층 독채 이사 가 보소!! 속이 뻐병뻥 뚫린당께~

또, 제일 중요한 건 값의 차이이다. 최근 분양 모아파트는 5층부터 기준층 가격인데 필로티 2층캉 5층캉 1,800만이 차이나요. 값도 싸고 그냥 땅바닥 일층도 아니고.

마지막으로 희소성이 있다라는 것이 장점으로 된다. 아파트를 지으면 전부 다 필로티로 하는 게 아니거든. 대단지에서도 필로티 2층은 몇 개 안 된다구. 따라서 수요공급의 원칙인 부동산에서 쪼매 유리하지.

다만 겨울에 난방비가 마이 들어갈 끼구만은. 암만 캐도 일층이 빈 2층이니 아래에서 한기가 올라올 것이다. 또 하나, 비상탈출구가 없어서 어린이집은 못 해요! 〈2014. 1. 25〉

전매 轉賣 란 무슨 뜻인고?

사전을 찾아보자.

轉賣(발음: 전:매하다=샀던 물건을 도로 다른 사람에게 팔아 넘기다.)

발음을 앞 글자를 길게 하라 카네요. 전~매 뭐 이렇게 말이죠.

분양받은 지 얼마 안된 아파트를 전매하다. 즉, 내가 당첨되어 계약을 하였는데 사정이 생겨서 다른 사람에게 팔아넘기는 걸 전매라 캅니다.

요즘 아파트분양권 전매라 카는 말을 많이 쓰는데, 어느 분께서 전매가 먼교? 이리 물어보셔서 제가 찾아봤습니다.

아파트 분양권에 대해서는 매매라는 말보다는 전매라는 말을 씁니다. 등기된 실물인 집이 아니라 미등기의 분양 권리이기 때문입니다. 이 권리를 다른 이에게 양도하는 것이고 반대로 사는 사람을 양수한다고 캅니다. 정확히 말하자면 미등기 전매라 캐야죠! 입주할 수 있는 권리를 팔고 사는…. 따라서 매수인, 매도인보다는 양도인, 양수인이 맞는 말이죠!

대구의 예를 들어본다면 택지개발지구 내 분양 가상한제아파트는 1년 동안 전매제한이고(율하지구, 이시아폴리스가 해당) 기타는 계약일자부터 전매할 수

125

있습니다. 골백번이라도.

    집을 골백번 팔고 살 수 있는 것처럼, 이것도 횟수 제한이 없는 것입니다. 절차도 간단합니다. 등기 안되었기 때문에 분양회사에서 이름만 바꿔주면(명의변경) 되는 것이지요.

    아, 이것도 실거래 신고는 반드시 해야 합니다. 구청에다가. 마찬가지로 부동산거래에 해당되기 때문입니다! 〈2012. 1. 13〉

분양권 전매금지 기간에 불법전매 하지 마라

이 글은 언젠가부터 써야지 하고 있다가 오늘 맘 묵고 쓴다.

2년여 전쯤 이런 전화 한 통 받았다.

"안녕하신기라요? 여기 광주광역시랑께요. 거시기 상담 좀 드릴께요잉? 제가 1년 전에 1년 전매금지 아파트 분양권을 이러쿵저러쿵해서 거시기했는데요잉. 물론 계약금이랑은 제가 다 냈구요잉, 거시기도 천만 원 얹어줬고요잉. 그런데 1년이 지난 지금 거시기가 3천만 원으로 오르다보니 매도자가 명의변경을 해주지 않는당께요. 사정사정해도 안 되구요, 자기가 입주한다 하구요. 이제는 전화도 안 받는당께요. 돈 천만 원은 이자 쳐서 돌려준다고 계좌 보내라고 문자왔구요잉. 우리는 난생 처음 신혼집 마련하여 꿈에 부풀었는데요잉. 지금은 다른 데도 그동안에 집값이 1년 전보다 너무 많이 올라서 다른 거 살 수도 없구요잉. 사람 환장하겠네요잉? … #$&%*^@^*#$…뭐시기거시기이렇쿵저렇쿵…."

현재 지방 광역시 분양권 전매금지는 공영택지개발지구 분양가상한제 적용아파트에 한한다. 대구광역시는 이시아폴리스, 혁신도시, 테크노폴리스, 금호지구, 옥포지구 등이 해당된다. 저렴하게 택지를 공급받아 저렴한 값에 분양하므로 상승할 가능성이 농후하므로 투기를 방지하기 위하여 1년간 전매금지구역을 묶어 놨다. 그러나 실은 이 의미가 퇴색되었는데, 그런 지역이라고 결코 분양가를 싸게 공급하지 않기 때문이다. 특히 대구지역 같은 덴 더더욱 의미가 없어졌어. 그러나 전매금지로 묶으라고 대한민국 전체의 법이 그리 정했으니 어쩌랴?

결론은? 이런 지역에서 불법전매를 되도록이면 하지 말라다. 어차피 개인끼리 쓱싹 쓱싹 1년 후를 약조하여 주고받는 걸 누가 알리요만은 위의 광주사람의 예를 보더라도 굉장히 위험천만한 일이잖수. 1년 동안은 지 아무리 쓱싹 쓱싹 지들끼리 주고받아도 1년 전엔 명의변경이 안 되잖아.

그라고 중도금 대출명의도 다 당첨자 앞으로 해야 되고, 혹여 둘 중 하나가 사고로 유고가 될 수도 있고, 매도자가 신용불량 되어 은행하고 복잡한 문제가 생길 수도 있고 등등. 정말 착하고 순해 보이는 분들조차 1년 후에 시장이 대폭 하락하거나 대폭 상승한다면 마음이 바뀌는 걸 어쩌랴? 몰라, 부모자식간이나 형제간이면 또 모르겠지만도.

만약 위의 광주사람 거시기 예가 거꾸로면 어찌 되나? 그땐 당연히 매수자가 잡아 틀겠제? 지금 대구의 아파트분양 분위기로 보면 1년은 진짜 억수로 길다구!!

재판하자꼬? 아이고, 골 아파라! 엔간하면 법은 되도록 지키는 것이 신상에 좋은 기라. 전화위복이 될 수 있어! 〈2013. 11. 28〉

아파트 분양권 시장, 이론과 현실은 다르다

아파트 분양권 시장은 이론이 아니다. 아파트 분양권 시장은 어디까지나 현실인 기라.

요즘, 인터넷이 하도 발달되다 보니, 젊은이들이 너도나도 알량한 경험을 가지고 소설들을 쓰던디, 문제는 이런 현실감 없는 소설(?)들이 사람들에게 영향을 미친다 카는 것이제. 시간은 바쁘고 경험은 없는 수요자들이 이런 걸러지지 않고 홍수처럼 나오는 글들을 읽고 믿어 버린다는 것이다.

즉, 걸러내어 내 지식으로 담을 건 담고 버릴 건 버려야 되는디, 무조건 받아들이고 믿어뿐다 아이가. 현실의 현업에 현장에서 종사하는 전문가들에게 조언을 얻기보다는 그저 편하게 재테크 카페니 뭐니 카는 데서, 또래들이 지 맘 꼴리는 대로 쓰는 소설(?) 같은 글들을 믿어버립니다.(전문가들을 오히려 적(敵)으로 보고 불신하는 경향도 보인다.)

물론 이런저런 재테크 카페들에도 맞는 이바구들도 많고 전문가 수준의 글들도 많습니다. 그러나 최소한 나 같은 사람이 느끼는 점은 말이죠. 현실감이 떨어지는 글들도 많다는 것이죠. 그런 글들이 제대로 걸러지지 않는 데 따른 문제의 심각성이 있다는 것이지요.

부동산은 책상머리에서 앉아서 쓰는 소설 같은 이론이 절대 아닙니다. 단순한 숫자로만 계산되어지는 것도 절대 아닙니다. 수요공급의 원칙이 철저히 지켜지는 곳이 부동산시장입니다. 이기 바로 현장의 시장이라는 것입니다. 책상머리 이론이 정확하게 적용되는 곳은 절대 아닙니다.

그카마 쫌 시원하게 알아 묵게 말해달라굽쇼?
한 예를 들어 보입시다. 통상 아파트 분양하면 기준층 1, 2, 3층 분양가 차등을 둡니다. 4층 이상이 1억이라 치자 3층은 9천만 원, 2층은 8천만 원, 1층은 7천만 원. 뭐 이런 식이라 칩시다.
약 1년여의 시간이 흘러흘러 10층 분양권 프리미엄이 천만 원이라 칩시다. 3층도 천만 원, 2층도 천만 원, 1층도 천만 원 붙어야 이론상 맞죠?(1, 2, 3층이 천만 원씩 원분양가가 싸니깐요.)

책상머리 이론은 위와 같은 숫자 논리가 맞습니다. 특히나 본인이 당첨된 저층이라면 더 큰 집착을 보입디다. 그러나 현실은 다르다는 것입니다.

그 이유가 뭘까요? 바로 시장은 수요공급에 의해 이루어진다는 진리입니다. 즉, 죄다 로얄층을 찾지, 싸다꼬 저층을 별로 찾지 않는다는 것입니다. 수요자들이 죄다 윗층(기준층)에 있다라는 것이지요. 이런 건 분양가 싸다, 비싸다는 논리하고는 동떨어진 것이지요. 이기 바로 이론과 현장의 괴리입니다.

그카마 전부 다 부자만 있답니까? 아닙니다, 전부 돈 별로 엄써요. 근디 대출받아서라도 로얄층하겠다 카는데 우짤껍니까?

장황하게 쓰고 보니 글이 너무 깁니다. 위 글은 한 가지 예만 들었습디다. 그 외에도 많이 있습디다. 현업에 종사하는 사람들이 일부 불신을 만든 경향도 전혀 없다 할 수 없지만 그래도 맘에 맞는 전문가의 도움과 조언들은 내 재산에 큰 이익을 줄 수 있다는 것도 분명하게 알아야 합니다.

〈2012. 11. 2〉

아파트분양권 프리미엄은 웃돈의 성격일까?

60% 정도 초기분양된 어느 아파트가 있다 치자. 40%는 아직 미분양일 것이고 원래 분양가대로 선착순 분양받을 수 있을 것이다. 작은 타입이 요즘 대세이니, 작은 타입부터 분양률이 높을 것이고 전망 좋은 동, 좋은(높은) 층수대로 분양되었을 것이다.

자, 여기도 프리미엄이 붙어 있을 수 있을 것이다. 큰 타입과 아래층은 미분양이고 작은 타입과 위층은 프리미엄이 있을 수 있다. 그렇다면 아직도 미분양이 있구만은 프리미엄은 왜 붙었으며? 미분양 내삐두고 말라꼬 씨잘떼기없이 프리미엄 주고 위층을 사며? 또 어떤 분은 프리미엄이 아깝아서리 고집스레 남은 저층을 분양받을까?

여기서 우리가 간과해서는 안될 억수로 중요한 사안이 있다. 프리미엄을 주고 산 분의 경험과 예측이 뛰어날까? 남은 거 본전에 분양받은 분이 경험과 예지력이 뛰어날까? 결론은 전자가 경험과 예지력이 뛰어나다고 볼 수 있다. 왜냐하면 그마만큼 자신이 있기 땀시로 프리미엄을 지불하기 때문이지러.

프리미엄은 웃돈인가? 야구장에 가서리 웃돈 주고 표를 산다 카면 그건 진짜배기 웃돈일 것이다. 아파트분양권에 프리미엄을 주는 것도 야구장 입장권을 사는 웃돈하고 같이 취급할 수 있을까? 결론은 절대 아니올 씨다라는.

따라서 프리미엄, 웃돈일까? 아니다라고 말할 수 있다. 그카마 뭐란 말이고?

프리미엄에 대하여 엄밀하게 정리해 보면, 일괄적으로 편의상 잘못 산정된 균등한 가격표를 시장에서 형성된 차별화된 시장가격표로 다시 분리 정립해나가는 과정에서 발생하는 차액이라 감히 생각해본다.

이 무슨 귀신 씻나락 까묵는 소리냐고? 자, 우리 같이 냉정하게 함 분석해 보자. 어느 아파트나 마찬가지로 지금의 분양가격표는 대략 4층 이상을 기준층이라고 정해놓고 4층~20, 30층까지의 가격을 동일하게 매겨놓고 분양한다. 허지만 지금 다 지어진 기존 아파트시장에선 4층이나 30층이나 값이 동일한가? 우리 사무실 바로 앞 모 기존아파트는 4층하고 25층하고 가격 차이가 5,000만이 넘는다. 물론 첨 분양할 때는 같은 가격표였을 것이다. 초기 프리미엄은 아마도 몇 백만 원 수준이었겠지 아마도.

자, 그럼 저 위의 프리미엄을 주고 산 아지메하고 안주고 분양받은 아지메하고 나중에 누가 이길까요? 프리미엄은 웃돈이 아니고, 거꾸로 나의 투자수익이 된다는 사실은 불과 2년만 지나보면 안다.

언제 프리미엄을 주고 사는 게 제일 좋을까???

억수로 역설적일지 몰라도 미분양이 아직 남았을 때가 가장 적절하다고 본다. 왜냐하면 요때 제일 프리미엄이 적고, 분양이 완료되면 프리미엄이 올라가기 때문이다.

분양회사에서 이 글을 보면 맞아 죽을지 몰라도, 그래도 죽어도 미분양 저층을 고집하고 웃돈은 죽어도 싫어하는 님들이 있기 땀시로 걱정할 필요는 없을 것이다. 죽어도 미분양으로 고~고~ 카는 사람들 있잖아!

〈2011. 9. 29〉

분양권의 기준. 당최 언제까지를 말하나?

아파트를 분양받아 계약하면 분양권을 소유하는 것이며, 입주할 때까정 분양권이라 칸다. 그카마 이 분양권이란 대체 언제까지를 기준으로 말하나요?

잔금을 치루는 날까정?
등기를 하는 날까정?
둘 중 뭡니까요?

통상 매매거래가 완료되는 시점의 기준은 잔금 또는 등기 중에서 먼저 한 날이 되지요. 그카마 요걸 기준으로 삼아서리 분양권도 판단할까예?

아닙니다! '한국토지주택공사'에서 분양권이라 카는 기준을 삼는 것은 잔금 20% 이상 남았을 때까정이라 캅니다. 즉, 집을 다 지어서리 입주기간이 되어도 혹은 지나더래도 잔금이 아직 20%가 남은 경우엔 분양권이라 칸다구요. 다른 회사도 동일한 것인지는 잘 모르겠으나 하여튼간에 LH는 그리 기준을 잡아서 일을 처리합디다.

결론적으로 말한다 카마. 우리가 통상적으로 생각하는 집을 다 지어서 준공을 했을 때를 기준으로 하지 않는다는 것입니다. 준공 후 미분양이면 그거도 전부 다 분양권입니다.　〈2012. 4. 23〉

프리미엄의 기준. 당최 언제까지를 말하나?

분양권에 대한 프리미엄이 백만 원이다, 이백만 원이다라는 것은? 먼저 분양한 댓가로 그동안의 경비나 이자조로 지급하는 것이라고 보면 된다. 물론 그 아파트의 가치가 올라갔을 적에는 그보다 더 많이 프리미엄이 형성될 것이다.

그카마 이 프리미엄이라는 말을 갖다 붙이는 것은 당최 언제까지를 말하는 가요? 등기 때까지? 아니면 잔금을 치렀을 때까지?

아닙니다! 여기에 대한 답도 역시 전편에서 기술한 분양권의 기준에 따라야 된다고 생각합니다. 분양권이라는 것은 일종의 권리에 대한 프리미엄이기 때문에 그렇습니다. 즉, 분양권일 경우에만 프리미엄이라 카는 말을 붙이고, 등기된 이후에는 일반적인 기존주택으로의 부동산매매 개념으로 봐야 할 것입니다.

등기된 이후에도 프리미엄이 얼마냐고 묻는 이는 쪼매 잘못 말하는 것이라는 말입지요. 〈2012. 4. 23〉

등기 후 매매 시에는 분양권일 때보다 얼마나 더 반영되어야 맞나?

통상적으로 분양권일 때보다 등기하고 입주하고 난 뒤에는 집값이 쪼매 더 올랐다 카는 걸 느낄 것이다.

어떤 생뚱맞은 사람은 말하기를 입주 한 달 만에 "으아, 천만 원이 더 올라삐네~." 하며 눈을 똥그랗게 뜨고 놀라 자빠지는 사람도 있다.

보통 입주기간이 한 달여이기 때문에 한 달여 만에 그리 보일 것이다. 그러나 단디 딜다 본다면 그건 이유가 다 있는 기라.

34평 3억짜리 분양권이면 잔금치루고 취득세가 1.1%이니깐 두루 약 330만 원. 이사비용이 돈 백만 원에다가 중문 맹글고 요거 고치고 조거 수리하고 하면 얼추 사오백이 들 끼다. 다 합치면 돈 천만 원 더 넘어가잖아? 그카마 그 사람이 사정이 생겨가꼬 집 내놓는다 카면 들어간 돈 천만 원 더 붙이가꼬 내어 놓아야 맞잖수~

이걸 매수자 입장에서 생각해 본다면 분양권일 때 매수를 하는 것이 당연히 유리하다는 것이지.

(어디까지나 이론상으로 그렇다는 말입니다. 실제론 그렇지 않은 곳도 많습니다.) 〈2012. 4. 23〉

법원 등기관은 뭘 보고 아파트 신규등기를 해 줄까? 바로 당사자간에 사고 팔았다는 증거인 매매계약서 원본이다.

아파트 분양 받았다는 증명서류는 아파트 공급계약서인데 이건 최초 매매계약서가 된다. 따라서 원래 분양받은 넘이 그대로 등기한다면 공급계약서만 있으면 된다.

근데 원래 분양받은 사람이 다른 넘에게 매도했는데 그넘이 등기한다면 공급계약서+매매계약서가 있어야 한다.

원래 분양받는 넘이 다른 넘에게 넘기고, 다른 넘이 또 다른 넘에게 넘기고 또 다른 넘이 또또 다른 넘에게 넘기고, 또또 다른 넘이 또또또 다른 넘에게 넘겼다면? 공급계약서+다른 매매계약서+또 다른 매매계약서+또또 다른 매매계약서+또또또 다른 매매계약서가 몽땅 다 있어야 등기가 된다.

하도 전매를 많이 해서리 걸레가 됐다구요? 하하 등기하고 나면 등기부에는 최종매수자 한 명으로 깨끗해진다요.

> 분양권 매매 횟수만큼 매매계약서 원본이 다 있어야 등기할 수 있다

등기관은 최종 매수자한테 어떤 경로로 넘어갔느냐를 파악하여 판단한다. 그 판단 기준이 바로 그때그때의 분양권 매매계약서들인기라. 복사본은 안 돼! 원본 매매계약서가 일일이 다 없으면 등기 안 해 준다구.

따라서 한 번 매매 이력이 있는 아파트 분양권 매매를 할 때, 매수자는 한 번 이력이 있는 그 매매계약서 원본을 인수받아야 하고 매도자는 자기가 살 때 작성했던 매매계약서 원본을 인계해야 한다.

즉, 10번의 매매 이력이 있다고 하면 10개의 매매계약서 원본이 인수인계되야 한데이.

자기는 그런 거 몰라서 매매계약서 원본 인수 안 받았다고? 부동산에서 그런 거 안 갈켜주더라구? 그라마 그런 부동산하고 거래 하지마!

이런 문제 때문에 전매할 때 아애 매매계약서 원본을 회사에서 보관하는 곳도 있다. 반월당 효성해밀턴플레이스 아파트의 경우에 그리 했었다. 이렇게 하는 시행사는 고객들에게 등기까지 챙겨주는 책임감이 있다 하겠제?

입주하려고 등기할 때 이런 일로 나를 찾아오는 고객이 더러 있었는데 매매계약서를 잊어버려서 나한테 중개사 보관용을 빌

리러 오는 고객들이다. 근데 중개사 보관용 매매계약서는 불출하지 않아야 된다는 판례가 있었어.

실거래신고필증은 당사자가 신고하는 대로 해 주기 때문에 매매계약서 만큼의 공신력을 인정 못 받아. 또한 실거래신고필증은 분실해도 구청에서 얼마든지 새로 뽑으면 되지만 매매계약서는 분실하면 새로 만들 수도 없어.

부동산 거래에서는 당사자간의 매매계약서가 제일 중요한 서류다. 단디 보관해야 된다. 〈2017. 7. 7〉

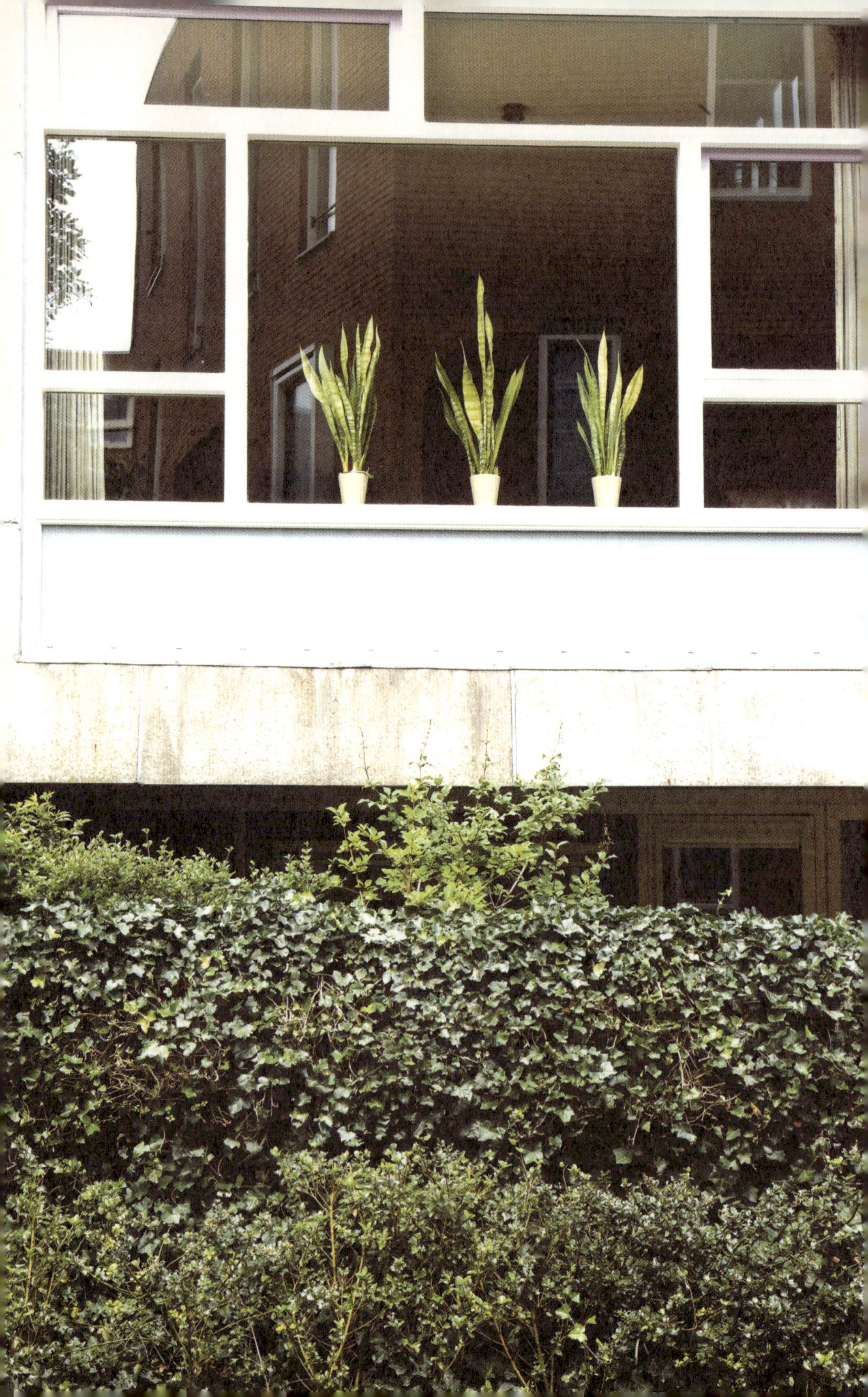

(1) 장기적으로 내다보라

물론 대구 범어동 두산위브더제니스 같은 대형평수 고급아파트의 경우에는 경험상 그것이 맞지 않았다. 하지만 이건 어디까지나 큰 평수의 경우이고, 이미 5~6년 전에 분양한 경우이다. 최근 6년 정도는 대구 아파트시장의 암흑기였으니 말 할 필요 엄꼬.

작금의 대구 분양시장의 흐름을 예상해 볼 필요가 틀림없이 있데이. 6월부터 분양열기가 일어나기 시작하여, 지금도 진행 중인 곳이 바로 대구 아닌가. 내 개인적인 생각과 경험으로는 지금이 무릎 정도가 아닌가 사료된다.

그만큼 대구는 바닥 중에 바닥인기라. 다져질 대로 다져졌지. 간단하게 말한다 카면 84㎡이하짜리 신규 입주아파트가 거의 없어요, 없어~

여기엔 인구가 줄고 소득이 감소하고 뭐 이런저런 이바구는 안 통한데이. 대세의 흐름이란 건 누구도 돌려놓기 어렵더란 말이지. 분위기 쪼매 뜬다카이 너도나도 대출을 내더리도 집을 사더구만은.

그런 맥락으로 볼 때 지금 대구사람들의 분양권투자는 지나치게 근시안적이다. 단기투기에 불과한 기라.

차라리 이시아폴리스 같이 1년간 전매금지 해 놓으면 1년이라도 보유하다가 팔지요. 분양권, 쪼매 더 중장기적으로 갈 필요가 있지 않나? 생각됩니다. 주로 부산사람들은 장기적으로 가져갈려는 분들이 꽤 많더라꼬요. 그건 왜 그럴까요? 그들은 부산에서의 장기투자성공경험을 바탕으로 그리 하는 것입니다. 이거, 절대로 무시해선 안 됩니다.

푹 잊아뿌고 한 2, 3년 묻어놓으면 그기 제대로 돈 된다 카이.

〈2011. 11. 24〉

(위 내용은 이 책 발행하기 3년여 전에 쓴 글이며, 이미 그동안 많이 상승한 대구의 지금은 위 글의 내용이 적용되지 않을 수도 있다는 점을 참고하시고 읽어주시기 바랍니다)

(2) 그 단지에서 제일 로얄에 투자하라

1,000가구를 분양한다 치자. 분위기 좋고 묻지마 투자할 땐 이 넘도 오르고 저 넘도 오르겠지만, 어디 그런 분위기가 오래 간다고 장담할 수 있남유?

지금의 아파트 분양엔 분명 유념할 점이 있지유. 즉, 한 단지 안에서도 어느 넘은 미분양, 또 어느 넘은 프리미엄이 붙는단 말이지. 그것이 요즘 아파트 시장인 거라.

따라서 분양권 장기투자엔 반드시 그 단지 안에서 로얄평수 로얄동 로얄층을 잡아야 된데이. 그런 좋은 물건은 설사 경기가 떨어진다손 치더래도 제 가치를 지킬 수 있다, 이 말이다.

그것도 모르고 개나 소나 다 좋다꼬 잡아 놓으면 실패한다. 보통은 프리미엄이 적은 걸 잡아놓는데 그건 아주 잘못된 선택이다. 초기 프리미엄이 아직 덜 형성되었을 때, 그중에 제일 비싼 걸 사야 된다 카이. 싼 건 비지떡이지러. 근디 대구사람들은 간이 콩알만 해서리 싼 것만 쎄리 찾더라.

분양권. 쭉띠기는 버리뿌고 알맹이를 잡아서리 길게 가져가야 된다꼬 본다. 〈2011. 11. 24〉

(3) 물릴 수 있다는 걸 항상 염두에 두라

병주고 약준다꼬요? 하하, 그렇다꼬 위축될 필요는 엄따요. 그 마만큼 신경을 쓰라 카는 말이지유~

왜? 분양권은 권리의 성격이지만, 엄밀히 말한다 카면 집 한 채입니다. 집이 완성되지 않았다는 것이지, 분양권으로서만 영영 지속되는 것이 아니란 말씀입지요.

계약금 10%로 일이천만 원 들어가 있지만, 시간이 흐르면서 중도금이 은행을 통해서 내 이름으로 들어가고 있고, 또 어영부영 세월이 흐르면서 잔금날이 퍼뜩 다가온단 말입니다. 만약에 경기흐름이 둔화되고, 집값이 떨어진다 카면 분양권 몬 넘길 수도 있다는 걸 염두에 둬야 합니다! 장난 아이라 카이까네~

그카마 까짓 거 내가 들어 거서 살면 된다꼬요? 하하, 그리 말하면 할 수 없꼬~~

그래서 장기투자는 반드시 여유자금으로 투자해야 되고, 늘 조심하자는 말입니다! ⟨2011. 11. 24⟩

(4) 면적에 따라서 접근을 달리해야

주로 소형이 타켓임을 대구시장에서 발견할 수 있다. 이유는 뭘까? 의외로 간단하데이.

즉, 값이 싸다는 것이지유. 단타 투기꾼들은 그들대로 돌리기 좋고 장타 투자자들은 그들대로 등기 후 임대하기 좋고 가격도 가장 빠르게 가볍게 선두에서 움직이고.

그리고 무엇보다도 작금의 베이비부머 시대, 젊은 신혼부부 세대에서 가장 선호하는 평수가 소형이라는 것이다. 실속 중심, 관리비 싸고 잘 팔리고 부담없고. 그리고 또, 임대사업을 하는 데도 유리할 수 있는 것이고.

그러나 분양권을 등기 직전이나 등기 후까지 길게 가져간다고 볼 때는 소형의 가격 상승은 어느 수준으로 한계가 있음을 알 수 있고, 중대형는 서서히 가격 상승이 되지만 오히려 절대 프리미엄은 소형을 추월할 수도 있다.

더 나아가서 대형 면적이 많은 미분양 할인분양단지는 학군이 중심이 되는 입지가 뛰어난 곳을 중심으로 미분양이 다 소진되고 난 후, 할인분양가의 일정 수준까지 회복하는 단지가 나온다. 덩치도 3~6천만 원~1억 원까지 갈 수도 있을 것이다. 이런 평수는 앞을 길게 내다보고 장기적으로 접근해야 된다는 것이지.

특히 중대형단지는 할인폭이 클 때 저점에서 과감하게 남보다 먼저 접근할 필요가 있다. 〈2011. 11. 26〉

(위 글은 이 책을 발행하기 3년여 전에 쓴 글임을 참고하시기 바라며, 이 책을 발행할 시점에는 대구지역도 중소형 중심으로만 분양하였다 보니 시간이 지나면서 오히려 희소성이 있는 중대형이 더 많은 인기를 얻고 있다는 것을 알 수 있습니다)

아파트분양권 — 투자냐 실수요자냐의 구분은 실익이 없다.

내일이면 나도 이사 간다. 말 그대로 투자로 미분양 선착순 분양받았던 아파트다. 그 당시엔 내가 이사 갈 집이라곤 거짓말 한 개도 안 보태고 0%도 생각 안했데이. 쪼매 덕 보면 팔아 묵어뿔 끼라고 맘 묵었던 거지. 그만한 여유자금이 수중에 풍족하게 있는 놈이 아니거든.

근데 말이다. 우야다가 보이 여차저차저차여차하여 내일 그기로 기들어가게 됐당께. 사람팔자 시간문제더랑께. 아참, 이사 팔자 시간문제라 캐야 되남? 직장 따라 부산에서 울산 찍고 대구로 기들어오는 내 생애 역정 총 이사만 한 13~15번째다. 주민등록초본 떼보마 몇 장 넘어간다요. 아이고, 불쌍한 내 신세야~

쓰다가 보이 쓸데없는 내 인생타령을 했고만은. 근데 내가 시방 무슨 이바구를 할라꼬 이 글을 쓰고 있었노? 아아, 참. 실수요와 투자를 구분하지 말라꼬? 그 이바구를 쓰는 거제?

그카고 보이 내 이사 이바구하다 보이 거기에 내용이 다 있고만은. 내가 이사 갈 집이 바로 투자자에서 실수요자로 바뀐 좋은 예잖수. 첨부터 눈치챘었다구요? 이 글을 읽는 분들은 똑똑하시단 말씀이여.

149

역시 지식은 경험치에서 나오는 것이 진짜배기 살아있는 지식이 아니겠수? 요즘은 인터넷 재테크카페 같은 데 가 보면 정제되지 않은 글들이 너무 많아서 말이여!

그 반대로 내 집 마련 입주하여 살 끼라고 분양권 산 젊은이들의 예를 들어보자. 내 고객 중에 그런 분들 부지기수야! 첨엔 죽어도 기들어가 산다꼬, 중간에 절대로 안 팔 끼라고 분양권을 사더만은 시간이 가면서 분양권에 눈먼 돈이 실실 붙기 시작하니 깐두루 고마 실실 맘도 변하데, 돈 맛에 넘어간 게지.

역시나 인간은 간사한 것이여~ 팔아야 손에 돈이 들어오잖수. 이런 건 실수요 100% 투자성향 0%였던 사람이 투자자로 바뀐 예잖수.

따라서 아파트 분양권 시장에서 굳이 실수요니 투자자니 이딴 거 구분할 필요 없다구!

언 넘이 투자자고 언 넘이 실수요자인지는? 입주 때 돼 봐야 안당께!!! 이마빼기에 쓰여져 있는 거 아니랑께~ 〈2014. 2. 5〉

아파트분양권 매수가 중요하나? 매도가 중요하나?

그거 질문이라꼬 하시냐구? "아파트 분양권 투자, 매수가 중요한 거 아이요?"라고 말하는 분이 있을 것이다!

천만의 말씀 만만의 콩떡이다! 매수는 누구라도 할 수 있는 기라! 돈만 있으면. 근데 매도 타이밍은 아무나 판단 몬한다구!

따라서 중개사의 역할은 어떨 때 더 중요할까? 장래 예측을 잘 해주고 매도 타이밍을 잘 협의해주는 게 아닐까?

그기 쉬운 거 아니다. 그러나 매도자와 잘 상의하여 의논한다면 좋은 결과를 도출할 수도 있을 것이다. 어디까지나 판단은 본인이 하는 것이지만 말이다!

물론 판단이 모두 옳지만은 않을 수도 있을 것이다. 그래서 같이 신중하게 의논해 보는 것이고, 최소한 섣부른 판단을 방지하자는 것이다.

〈2014. 11. 24〉

매도 타이밍이 더욱 중요하다!

실입주자가 가장 큰 투자자다

아파트든 주택이든 상가든 간에 분양을 하고 매매를 하고 할 때 꼭 듣는 이바구. "저는 실입주자라서 어쩌고저쩌고…."

그러는 고객님들의 마음속을 관심법으로다가 딜다 보면? '나는 투기꾼이 아니거든.' 뭐 이런 속마음이었을 거라 짐작한다면 화낼까요?

그럼 내가 반대로 '실입주하실 거니깐 집값이 떨어지더래도 상관없어요?'라고 물어본다면? 뭐라꼬 대답할까유?

실입주자가 진짜배기 투자자란 것을 알아야 합니다. 따라서 투자자냐 실수요자냐를 굳이 구분 짓는 것은 의미가 없다고 나는 늘 생각해 왔습니다.

왜냐구요? 만약에 앞으로 집값이 떨어질 것이 뻔하다 카면? 실입주자들께서 분양을 받거나 분양권을 살까요? 아마도 백이면 백 명이 다 전셋집을 구할 것입니다.

집값이 오르고 분양권에 프리미엄이 붙고 하니깐 두루 아, 이거 이제는 늦추면 못 따라잡겠다 싶으니깐 집을 사려는 실입주자가 생기는 것입니다. 그런 의미에서 실입주자캉 투자자캉의 구분 자체가 의미상실이지요.

　근디 실입주자가 왜 제일 큰 투자자냐굽쇼? 단순투자자들은 프리미엄 쪼매 생기면 몬 참고 팔아버리는데 말이죠. 실입주자는 공사기간이 3년이면 3년간 꾹 가지고 있잖아요. 흔들림 없이 말이죠. 만약에 계속적인 상승장이라 카면? 결국은 실입주자가 가장 길게 가장 많은 프리미엄을 가지는 것이기 때문입니다. 입주하고 등기치고 살면서도 또 오른다면 또 그마만큼 더 많이 가지는 것이겠고.

　실입주자가 제일 큰 투자자입니다. 따라서 실입주자와 투자자와의 구분이 사실상 필요 없습니다. 〈2013. 2. 26〉

분양권투자, 수익도 있고 손해도 있다

아파트 분양권을 사는 사람들의 머릿속엔 머가 들었을까? 아파트 분양권을 사면 수익이 난다는 전제가 깔린 거라. 특히나 요즘 대구사람들의 인식이 그렇다.

하지만 그런 생각은 이제 맞지 않다. 최근 3년간 상승 기조를 유지했기에 수익만 가능했지만도, 이젠 그 생각과 고정관념을 버려야 할 때다.

투자란 무엇인가? 말 그대로 위험도 감수해야 한다는 것이란 걸 내포한다. 그래서 나는 늘상 여유자금으로 자기 판단하에 하라꼬 이바구한데이.

투자란 무엇인가? 수익이 날 수도 있고 또 때로는 손해를 볼 수도 있다는 것이 투자다.

그러나 요즘 대구사람들에게 손해 보는 아파트분양권투자는 머릿속에 없드라구. 이젠 그것도(손해) 염두에 두고 투자를 해야 된데이. 늘상 벌 수는 없잖수. 때론 손절매도 해야 된당께.

증권시장에서 보면 개미들이 판판이 깨지는데 그 이유 중 하나가 손절매를 못하는 데 있더라구. 안 되는 건 과감하게 손절매해야 하는데 그넘의 본전 생각에 손절매를 몬하고 질질 끌고 간당께. 어떤 사람은 손절매 않고 버텨 3년 만에 본전했다꼬 자랑하던데? 아이고, 내사 마 웃어뿌까 울어뿌까? 하하 엉엉.

증권시장엔 손해 보는 사람도 많은데 아파트 분양권시장엔 손해 보는 사람이 없다? 천만의 말씀 만만의 콩떡인 거라.

아파트 분양권시장에도 분명 손해가 존재한다구. 따라서 앞으로 대구분양시장엔 이런 인식을 잘하고 기들어가는 사람만이 투자할 수 있능 기라.

내 판단하에 기들어가고 또 이익나면 좋겠지만도, 손해 볼 수도 있다는 바로 그런 유연한 생각 말이다!!!

그카면서 배우능 기라. 이익만 난다면 인간이 뭘 배우겠수? 교만만 배울 꺼야. 아마. 미안하지만도 내 주위에도 이런 양반들 많아!

손해를 보고 나서야 성숙해지지 않겠수? 아픈 만큼 성숙해진다. 이카잖아!! 겸손도 배우고 말이야! 〈2014. 1. 23〉

P가 낮을 때보다 높아졌을 때 매수심리가 더 높다

동일한 아파트분양권인데 초기에 P가 낮을 때 사람들이 더 적극적으로 살려고 할까? 시간이 경과하면서 P가 좀 더 높아졌을 때 사람들이 더 적극적으로 살려고 할까?

필자가 현장에서 쭉 지켜보았을 때는 P와 매수심리는 정반대이더라. 즉 P가 낮을 때 매수심리가 더 높아야 맞는데(가격이 싸니깐), 그 반대로 P가 좀 더 높아졌을 때 매수심리가 더 높아지더란 말이지. 이럴 땐 매도자 우위의 시장이 된다. 즉 물건 가지고 있는 사람이 키를 쥐게 된다는….(시간이 경과하면서 물건이 귀해져가는 원인도 한몫한다.)

왜 그럴까? 초기에 프리미엄이 적을 땐 사람들이 향후 값어치 상승에 대해 확신을 못 한다. 혹여나 내가 매수하고 난 후에 떨어지지나 않을까 불안해서다. 그러나 시간이 경과하면서 P가 지속적으로 상승하는 것을 지켜보면서 사람들은 확신을 하기 때문이다.

일반적으로 시간이 지남에 따라 아파트 분양권 프리미엄이 떨어지기도 하고 올라가기도 한다. 그러나 상승곡선을 그리고 있다는 것을 확신하고 난 후에는 매수 대기자들의 간이 커지는 것이지. P가

300만 원 할 때 망설이다가 매수하지 않았던 사람이, 동일물건에 대하여 몇 개월이 흘러 P 1,000이 되었을 때 오히려 매수하더란 말이다. 300일 때는 한 번 굴러 600 된다는 것에 대해 미심쩍어하던 사람이 1,000일 때는 한 번 굴러 2,000이 된다는 것에 대해 확신을 가지더란 이 말이지.

여기서 잘 살펴보면? 예지력이 있는 사람이라면 300일 때 2,000 된다는 확신을 미리 가질 수도 있겠지요만은, 그거 억수로 어려운 거 아니겠어?

이것이 지금 대구지역 시장의 엔간한 인기단지 인기소형평수의 흐름이다. 대구시민들의 보수적인 성향도 한몫하겠지. 돌다리도 두들겨보고 건너야 하니까! 〈2012. 2. 24〉

(책 발행 3년 전의 글이란 걸 염두에 두시고 보시기 바랍니다)

(1) 내가 당첨된 호수에 절대 연연하지 마라!

젊은 신혼부부들은 대부분 당첨되면 아주 좋아한다. 그것이 좋은 호수든 낮은 층이든 상관없다. 당첨되었다는 사실 그 자체가 즐거운 기라~ 왜냐? 난생 첨으로 내 이름으로 당첨된 거거든. 억수로 신기하잖아~

그래서 거기에 무진장 연연해한다. 그래서 무조건 그 호수를 계약하려는 경향이 있더라.

그러나 아서라. 안 좋은 호수는 내가 당첨되었다는 사실에 연연하면 안 된다. 과감하게 탁! 던져 내삐리삐야 된데이.

요즘 대구 신규 분양시장에서 프리미엄 불과 몇 백이면(작게는 일백만 원) 좋은 층 골라 살 수 있다. 좋은 거 잡으면 나중에 살다 보면 나도 모리게 몇 천만 원 차이가 날 수도 있다. 그뿐인 줄 아남? 저층은 팔려고 내놔도 안 팔린다 아이가~

"나는 1층이 좋당~" 뭐 요리 이쁜 말씀만 하시는 순진무구한 신혼부부도 있다. 그카마 1층에 평생 살면 되지러~ 험~

〈2011. 10. 25〉

신규아파트 분양받는 방법

(2) 청약통장은 경쟁률 제일 센 곳에 넣어라

요즘은 소형 아파트가 대세다. 실수요도 소형 투자자도 소형을 원한다. 둘이 합세하면 당할 재간이 없능 기라.

전용 59㎡짜리마저 발코니 확장하고 화장실 두 개 되고 3.5베이니 4베이니 카면서 예전 84㎡짜리만큼이나 넓어 보이니, 굳이 큰 평수 아니라도 사는 데 지장없고 열효율 높고 관리비 적고, 거기다가 독신가정이나 노후생활에도 안성맞춤이다.

어느 1순위 신혼부부는 59㎡짜리는 경쟁률 세니깐 84㎡대가 안전하다고 청약 넣더라. 문제는 이분들이 실수요자가 아니고 투자자란 말이다. 실수요자 같으면 소신껏 하면 된다. 그러나 투자자이면서 통장을 경쟁 없는 곳에 넣어삔다? 그라마 돈 되남? 경쟁률이 없으므로 프리미엄도 없데이. 결론은 통장은 통장대로 버리고 돈p은 돈대로 안 된다 카이.

경쟁률 제일 센 곳에 통장을 써야 된다. 경쟁률 높으므로 당첨되면 프리미엄 많데이.(경쟁률=프리미엄)
설사 당첨에 미끄러지더래도 통장은 살아남아서 담 기회에 쓸 수 있으니깐. 재수再修라 캐야 되남유?　　　〈2011. 10. 25〉

(참고: 이 책이 발행되는 시점인 2015년 현재 대구는 전용 84㎡ 인기도가 전용 59㎡를 추월함)

(3) P 주고 앞동 분양권 살까?
    P 없는 미분양 뒷동 분양받아?

40%~70% 정도 분양된 올해 대구지역 신규분양 단지들. 뒷동 저층 정도는 아직도 미분양이 있고, 앞동 고층 정도는 프리미엄이 몇백 붙었다. 우짜면 존노?

내가 현장에서 경험한 바로는 경험 없는 사람은 미분양쪽이다. 경험 있는 쪽은 당연 프리미엄을 주고라도 제일 좋은 분양권 산다.(이런 경우, 좋은 동 좋은 층의 분양권매물이 있을 경우에 해당함)

결론은 P 주고 분양권 산 사람의 KO승이다. 우찌 증명하냐고?

몇 달 후에 위 두 사람이 사정이 생겨서 다시 시장에 분양권을 팔려고 내어 놓았는데 P 주고 좋은 물건 산 사람은 거기다가 P 몇 백을 추가로 더 얹어서도 쉽게 팔아 치웠는데 뒷동 저층 미분양 분양받은 사람은 분전에(분양가) 내어 놓아도 아무도 거들떠 보지도 않았다.

시방 대구 신규분양시장은 이렇다! 거짓말 한 개도 안 보태고.

그카마 뒷동 저층은 절대 분양이 안 되겠넹? 대구사람들 얼매나 보수적이고 고집이 쎈지? 죽어도 웃돈 주고는 안 산다는 사람들 많데. 그래서 그런 걱정일랑 할 필요 없다. 저층도 다 임자가 있더라, 이 말이지.

즉, 개인의 성격적인 측면도 많이 작용한단 말이지. 절대 남의 손에 웃돈 쥐어주기 싫어하는 누가 뭐라 캐도 내 맘 꼴리는 대로 사는 그 쪼잔한 사람들 있잖아~　　　　　　〈2011. 10. 25〉

프리미엄, 혼자 독차지할라 카다가는 배탈난다

분양권이든 기존주택이든 상가든 땅이든 간에 프리미엄(양도차익)은 혼자 다 차지하려고 욕심 부리면 안 된다. 이는 부동산에만 해당되는 말이 아니다.

부동산 외에도 모든 유통시장에서 그대로 적용된다. 생산자에서 도매상으로 소매상으로 소비자에게 갈 때마다 차익이 생기게 마련이다. 만약에 모든 물건이 죄다 생산자에서 소비자로 바로 간다 카면 이 사회는 어찌 돌아가겠나? 대형마트다 기업형 슈퍼다 뭐다 카는 문제가 동네 상권을 휩쓸어버리는 문제도 같은 맥락이다.

아파트의 예를 들어보자. 분양회사에서 분양을 할 때 첨부터 꼭대기 분양가로 분양하면 실패한다. 왜냐하면 사람들은 청약하고 당첨돼 봤자 계약해 봤자 재미없기 때문이다. 분양회사는 분양가를 쪼매 낮춰서, 계약자들에게 일정부분 프리미엄을 남겨둬야 된다, 이 말이지.

그 다음에 최초계약자도 자기가 최초계약자라고 무슨 금덩어리라도 지니고 있는 줄 알고 똥배짱 내밀면 안 된다. 남들은 다 프리미엄 100만 원에 팔 때 자기 혼자 잘 났다꼬 1,000만 원 고집하는 것도 안 될 일이제.

프리미엄을 시장기준에 맞춰야지, 도리어 자기 기준에 맞추는 사람들이 있다. 발바닥에 사서 머리끄트머리까지 올려서 팔아야 직성 풀리는 독하고 요상빼꼼한 사람들이 있다. 주식시장에서 요런 사람들은 깡통찬데이.

너무 욕심부리다 보면 물리게 되고 잘못하면 억수로 욕본다 카이. 그리고 설사 그것이 성공하여 돈 쪼매 더 번다 캐가꼬 인품도 따라 올라가고 칭송받는 자 되는 거 절대로 아이지러. 이런 사람들은 온 동네 댕기면서 자랑은 더럽게도 많이 한데이. 막걸리도 한 잔 안 사주면서. 그카마 친구들 속으로 잘했다꼬 칭찬할까봐? 하이고, 아써라. 속으로 다부로 욕한다, 욕해! 이런 사람은 자린고비로 왕따되는 기라, 왕따!!!!

100에 팔고 100에 받은 사람은 200에 팔고, 200에 받은 사람은 250에 팔고 그리고 실입주자하여 한 10년 살다 보면 두어 배가 되기도 하고 뭐 그리그리 돌아가는 것입니다

즉, 뒷사람 몫도 쪼매 남겨두는 것이 정석인 것이지요. 내가 팔고 난 뒤 더 올라가면 고마 배가 아파가꼬 온 동네가 속시끄럽꾸로 떠들고 댕기면 복 몬 받는 기라. 그기 배 아프면? 그카마 자기한테서 샀던 뒷사람은 값이 떨어져서 쫄딱 망해뿌야 직성이 풀리남유?

세상은 두루두루 같이 더불어 살아가는 거 아니겠어유~

〈2014. 2. 27〉

프리미엄 2~300만 원 아깝다는 쪼잔한 사람은 아예 집 사지 말라구요!

대구에서 작년 하반기에 분양한 아파트 중에서 많게는 6개월이나 지난 아직도 프리미엄이 200, 300만 원 정도 단지도 있다. 수성못 코오롱하늘채(2011. 6 분양), 반월당 효성루벤스(2011. 9 분양), 시지 동화아이위시(2011. 6 분양) 등.

이런 아파트는 프리미엄이 아직 적은 이유가 뭘까요? 입지가 신통찮아서? 브랜드가 별로라서? 세대가 적어서?

아닙니다! 초기 분양분위기에서 투자자들이 안 들어가고, 실수요자 중심으로 분양되었다는 데 큰 이유가 있다고 본인은 감히 말할 수 있습니다. 그리고 또 한 가지는 아직도 아래층은 일부 아직 남아 있다는 것도 이유 중에 하나겠지요. 어찌 보면 실속있다고 할 수 있을지도?

그런데 이런 아파트 로얄층 구하는데 불과 2~300도 안 쓸라 카는 아지메 아저씨들은 머꼬? 벌써 몇 천만 원이나 계약금이 들어갔고 시간도 6개월이 지났는데, 생제비 공짜로 묵을라 카남? 그동안 이자나 수고비만 해도 300만이다 이거야.

소액으로 붙은 그건 프리미엄이 아니야~ 먼저 분

양받으셔서 잘 보관하시고 계시다가 좋은 집 저한테 "저렴하게 주셔서 감사합니다."라고 백배 인사해야 된다고 본다, 나는.
안 그렇습니까?

프리미엄이 적다고 집이 잘못된 거 절대 아니다. 이런 단지라도 절대 깔보면 아니 된다. 오히려 거꾸로 본다면? 늦게 찾아온 수요자들께서 좋은 층을 저렴하게 잡을 수 있는 커다란 장점이 있다는 걸 알아야 한다.

요런 걸 틈새시장이라 캐도 되고. 나중에 2년 후에 입주시점에서 다시 돌아보면? 높은 프리미엄 형성된 단지보다 오히려 역전될 수도 있을 것이기도 하다 말이지.

프리미엄 서너 곱배기 가지고 요리 재고 조리 재고 아예 털도 안 뽑고 공짜배기로 갖다 받쳐주기 원하는 사람은 좋은 아파트 살 자격 없어요! 지금 프리미엄 300만이 나중엔 3,000만이 될지 아무도 모른데이.

이런 분들은 부동산 수수료도 깎자 칸다. 아이고 추접구로….

〈2012. 2. 2〉

(책 발행시점이 아닌 3년여 전의 글이란 걸 염두에 두시고 읽으시기 바랍니다)

부동산업자 물건이 개인 물건보다 훨씬 싸다

이기 무슨 노루 하품하는 소리냐구요? 노루 하품하는 소리가 아니고 진짜배기 이바구입니다.

일전에 모 오피스텔 분양할 적에 말이죠. 어느 분께서 인터넷 직거래판에서 P 100만 원 주고 물건을 사왔더구만요. 나한테 이야기했으면 무 P나, 몇 십만 원에도 줄 수도 있었는데 말이죠.

위는 한 단편적인 예이지만도, 일을 하다 보니 이런 일을 여러 번이나 목격하게 되더군요.

부동산업자들이 분양권에 당첨되거나 사서 이익을 쪼매 남기고 파는 경우가 더러 있지요. 이런 경우엔 대부분 일반 개인 물건보다 더 싸게 팝니다.(물론 예외도 있지만 일반적인 이바구를 하는 것입니다)

만약에 시세가 300만이면 200만에 팝니다. 여러 개를 취급하시는 분들은 그보다 더 싸게 팝니다. 싸게 팔았다고 아까워하지 않습니다. 어차피 팔려고 했기 때문에 그걸로 만족합니다.

그런데 일반 개인이 귀한 통장을 가지고 운 좋게 당첨되었다 칩시다. 그거 얼마나 귀하고 아까운가요? 그래서 절대로 시세보다 싸게 내놓지 않습니다.

애지중지합니다. '하이고 우리가 들어가 살려다가 사정상 팝니다.' 문구에 아까운 표시가 납니다. 이리 아까운 거 어찌 싸게 팝니까?

그리고 또 한 가지. 직거래가 더 낫냐? 부동산을 통해 사는 게 더 낫냐? 분양권거래, 되도록이면 부동산을 통해서 하는 게 유리합니다. 약은 고양이 밤눈 어둡다꼬, 수수료 쪼매 아낄려다가 그 돈 더 들어간다요.

믿고 거래할 수 있는 공인중개사를 통해서 거래하여야 합니다. 그게 정석입니다. 부동산을 통하는 것은 도매상이고 개인 직거래는 소매상이란 걸 알아야 합니다.

〈2013. 2. 26〉

자기가 제일 고집에서 판사람이길 원하는 사람

　신발 하나라도 사고 나면 온 동네 신발가게 돌아 댕기면서 내가 산 신발 가격보다 혹시나 더 싸게 파는 데가 없나 하고 돌아 댕기는 사람 있더라.

　만약에 한 푼이라도 동일 제품인데 더 싸게 파는 가게를 찾았다 카면? 그때부터 쪼매 속 시끄럽데이. 온 동네 친구들 만날 때마다 그 이바구를 꺼내고, 더 싸게 못산 데 대한 미련을 토로하지.

　이런 양반들은 자기가 이 세상에서 뭐든지 제일 싸게 사야 만족한다. 심지어 원가보다도 더 싸게 사면 좋아라고 날뛴다. 그라마 신발공장은 우째 돌리노?

　이런 친구 하나 두면 눈꼴사납거든. 친구들도 쪼매 보고 있다가 고마 인간관계 끊어뿐다. 그래서 주위에 친구도 별로 엄써~

　아파트 분양권시장에도 다양한 인간 군상들이 있다. 쪼매 남기는 사람도 있고, 많이 남기는 사람도 있다. 쪼매 남기고도 만족하는 사람도 있고, 많이 남기고도 더 못 남겨서 배 아파하는 사람도 있다. 현장에서 보면? 쪼매 남기는 사람이 많이 남기는 사람보다 오히려 만족도가 높더라.

자기가 팔고 나서 또 더 올라가면? 온 동네 시끄러운 사람도 있다. 이런 사람은 팔고 나서도 그 주변을 몬 떠난데이. 그럴수록 돈 쪼매 벌라 카다가 건강은 덤으로 망쳐뿐다.

내 것을 다른 이에게 팔았으면 내 것을 산 그 사람도 좀 덕을 봐야지 않남? 그것도 인연인디 그리 되기를 바라야 제대로 된 인간이지 않남? 반대로 내 것을 산 사람은 쫄딱 망해뿌야 속이 편한가?

거꾸로 생각해보면? 내가 제일 고점에서 팔아야 만족하는 사람은 말이지. 내 것을 사들인 사람은 손해를 봐야 된다는 논리가 성립되거든. 그렇지 않남?

남이 잘 되기를 바라야 하고 나도 쪼매 남기고 남도 쪼매 남기고 뭐 그리 돌아가는 기 세상살이인데 말이야. 혼자 다 묵을라 카면 고마 배터진다.

그라고 내가 제일 고점에서 팔았다꼬 자랑 말라. 그런 자랑하면 정신 똑바로 박힌 친구들은 제일 싫어하제. 왜냐? 그 말은 바로 내 것을 산 그 사람에게 손해를 보였다는 말도 되거든.

〈2013. 3. 13〉

집을 집주인에게서 사지 마라

이기 무슨 콩 구워 묵는 소리고? 집을 사야하는 주인한테 사지 말라니? 그카마 누구한테 사노?

물론 계약은 주인장하고 해야지요. 하지만도 그 과정에서는 주인 말만 듣고 판단하지 마라는 거다. 주인 말을 전혀 듣지도 말라는 뜻은 아니다. 그 집에 대한 세부 정보는 주인이 잘 알고 있을 터이니 일단은 들을 필요는 있제. 그러나 주인 말만 듣고 판단을 내리지 말라는 뜻이다.

그라마 누구 말을 듣노? 그 집에 대하여 객관적인 평가를 낼 줄 아는 공인중개사를 통하란 말이다. 여기서 분명히 객관적인 평가를 내릴 줄 아는 공인중개사라 캤다. 즉 주인 편에 서서 주관적인 평가를 내린다면? 그건 안 되겠지요.

그라마 주관적인지 객관적인지 그걸 어찌 구분하나굽쇼? 하하, 그건 상담받아 보면 자연스레 알아진다구요. 집을 사려는 매수자도 어느 정도의 정보도 있을 끼고 바보가 아니잖수.

사무실에서 상담을 하다 보면 말입니다. 종종 이런 양반들을 접합니다. 거기 모델하우스 가 보니깐 거기 근무하는 아가씨가 그 아파트가 억수로 좋다

던디요? 어떨 땐 말이죠. 거의 분양되고 1, 2층만 남았는데도 그런 말에 솔깃해 하는 아지메들도 많아요.

　모델하우스에 근무하는 사람이 그 아파트가 나쁘다고 이바구 하겠어요? 거기 근무하는 사람들도 다 집주인 편일 뿐입니다. 객관적일 수가 없는 게지요.

　그라마 누구한테 물어 보노? 공인중개사한테 물어보소! 다만 물어볼 때는 꽉 깨물지 말고 나긋나긋하게 물어 보소! 객관적으로 잘 이바구해줄 수 있는 사람한테. 퉁명스레 물어보면 퉁명스런 답이 나오고, 나긋나긋 물어보면 나긋나긋한 답이 나오능 기라.

　아니? 나는 분명 왕이신 고객님이신데 중개사가 친절해야지 왕이신 고객님이 왜 친절해야 되냐굽쇼? 하하, 이젠 고객도 고객 나름의 시대입니다. 고객도 친절한 고객이 되어야 고객 자격이 있는 시대란 말이지요. 고객님이라고 무조건 어깨에 힘만 들어가면 절대로 고객 대접 몬 받는다구.

　친구나 엄마한테 물어보지 마소. 주위 분들은 대체적으로 부정적으로 말하거든. 남이 집 사면 배도 아프고. 엄마? 엄마들은 대체로 부정적이다. 어릴 적부터 아들딸이 뭐한다 카면 울 나라 엄마들은 무조건 "하지마라."다.

　이렇게 보면 말이죠. 공인중개사, 이거 참 중요한 사람인 거죠.

173

내 전 재산인 집을 결정하는 데 도움을 주잖아요. 무시하지 마소! 귀하게 생각해야 된다요.

　요즘 동네 골목골목 부동산사무실이 흔하다 보니. 어떤 아지메는 이기 뭐 발길에 체이는 돌멩이 맹쿠로 쎄피하게 생각는 이들도 있던디? 그라마 안 된다구.

　예전에는 복덕방이라 캤잖아. 복 몬 받는다구. 〈2013. 8. 7〉

사고 팔 때는 융통성을 가지자

슈퍼에 진열된 라면을 들고 계산대에 서서 "아지메! 이거 100원만 깎아주이소." 이카는 사람은 없데이.

부동산은 다르다. 슈퍼에 진열된 상품이 아니기 때문이다. 집을 팔든 땅을 분양권을 팔든 가격협상이란 게 존재한다.

"중개사님 한 500만 원만 깎아주이소!"
뭐 이따우 주문이 당연히 들어온다.

p3,000만 원짜리 분양권이 있다 치자. 사려는 넘은 300만 원 깎아주이소. 팔려는 넘은 절대 안 깎아준다 라고 고집 하면 그 협상은 결렬된다.

그러다가 한 1년 후쯤에 이 물건이 시세가 p2,000 되뿌면 그제사 매도자는 후회한다. 그러다가 한 1년 후쯤에 이 물건이 시세가 p4,000 되뿌면 그제사 매수자는 후회한다. 300만 원 깎아달라카마 200이라도 깎아주고 매도하면 어디 덧나남? 300만 원 깎아달라는데 100이라도 깎아줄 때 매수하면 어디 덧나남?

정 협상이 안 되면 300 다 깎아줘뿌고 그냥 팔아삐라. 정 협상이 안 되면 3,000 다 주고 그냥 사삐라! 눈 앞의 나무만 보지 말고 저 멀리 숲을 보자! 소신껏! 돈 몇백으로 죽는 놈 못 봤다. 생업이나 더 열심적으로 해서 보충해라!

   작은 건 10%내內, 큰 건은 5%내內에서는 좀 융통성을 가지고 임했으면 좋겠다. 그리하면 본인의 마음이 그마만큼 더 풍성해질 거다. 집에서 키우는 얼라들도 그마만큼 더 바르게 클 거다.

   요즘 젊은이들은 쪼맨한 데 지나치게 집착한다. 좀 시원시원한 젊은이들은 별로 없어! 그저 밀리면 죽는 줄 안다.

   소탐대실小貪大失이다. 〈2017. 7. 15〉

시장을 몰라야 시장이 형성된다

"범어효성해링턴 청약 넣을라 카는데요? 59짜리 p가 얼마되겠능교? 전문가시니깐."

"소장님 올해 대구아파트 시장이 우째 되겠능교? 봄되면 회복되능교? 전문가시니깐."

"소장님 대구부동산 앞으로 얼마나 더 떨어지능교? 전문가시니깐."

간혹 이런 질문을 하며 전문가시라고 띄우면서 집요하게 묻는 사람이 있다. 이따우 정답을 꼭 달라는 질문에는 나는 억수로 집요하게 퉁명스럽게 대한다.

"나도 몰러요"

만약에 "봄 되면 회복될낍니더." 별 생각없이 이리 대답했다 치자. 봄 되서 즈거 집 내 놔도 안 팔리면 내가 생욕을 바가지로 묵을끼다. 내가 말라꼬 무료로 그따우 욕 묵을 짓 하노? 안 그렇소?

혹시나 그런 질문에 단호하게 예스다 노다 이리 답하는 중개사가 있다 카면? 나는 그 중개사 인정 몬 한다. 왜? 그 사람은 점쟁이지 중개사가 아니기 때문이다.

시방 대구 부동산시장 환경은 그렇다. 현업에서

나름 의견은 제시할 수 있으나 뭐라 딱 꼬집어 단언할 수는 없으며, 판단은 어디까지나 지꺼 지가 책임져야 한다. 매도든 매수든 당사자들 몫이다.

시장에는 정답이 없다. 정답을 100% 알면 그건 시장이 아니다. 아니 시장 자체가 존재할 수가 없는 거다.

왜 그렇냐구?
만약 '범어효성해링턴 59짜리 p가 -1000만이다'라는 100% 확실한 정답이 나왔다 카면? 범어효성해링턴은 한 명도 청약하지 않을 것이다. 정답을 모르니깐 다들 기대를 품고 청약을 하는 것이잖아. 그래서 청약시장이 형성되는 것이고 분양권시장도 형성되는 것이다.

만약 '대구부동산 앞으로 절반 이상 더 떨어질 것이다'라고 100% 정답을 안다 카면? 지금부터 아무도 부동산을 안 살 것이고 아무도 부동산을 몬 팔 것이다. 정답을 모르니깐 지금도 사기도 하고 팔기도 하는 것이다. 그래서 매매시장이 형성되는 것이고 이사도 갈 수 있는 것이다.

지금 분양권 값이 1억짜리가 있다 치자. 첨부터 이기 1억이 될 끼라는 100% 정답이 있었다면? 이거 계약자들은 모두 다 1억되기까지 홀딩할 것이고 시장형성은 없었을 것이다. 1억이 되는 걸 몰랐으니 1천에도 매매되고 2천에도 3천에도 매매가 됐던 거다.

하나님은 알아서 공평하게 여러 사람에게 갈라주시는 거다.

당신은 저 여자캉 결혼하마 3년 후 며칠에 이혼한다. 이런 100% 정답을 안다 치자. 이 세상에 결혼할 사람 천지에 어딨겠노? 그거 모르니 좋다고 살잖아. 정답을 다 알면 결혼시장도 싸그리 없어진다.

내가 앞으로 1년만 더 살고 몇 년 몇 날 몇 시에 죽어뿐다. 이런 100% 정답이 있다 치자. 나는 지금 이 글을 쓰지 않을 뿐 아니라 사무실도 당장 때려치아뿐다. 그리고는 배낭 하나 걸치고 1년 동안 산천유람할 거다. 그라마 이 블로그는 누가 운영하노? 힘~

이 세상 정답을 다 알면 세상은 돌아가지 않고 시장은 절대 형성되지 않는다. 그래서 나는 답을 정확하게 딱 꼬집어달라는 사람들이 제일 미련하고 답답하다.

시장을 미리 모르는 게 바로 정답이다. 그래서 시장이란 게 존재한다. 정답은 바로 그 시장에서 나온다. 〈2016. 1. 7〉

**상승기에는 최고호가가
조정기에는 최저호가가 시장을 주도한다**

지난 4년간 지속적인 상승기에서의 대구부동산시장에서는 호가도 하늘높은 줄 모르고 지속적으로 기올라 가면서 시장의 머리끄디를 끌어올렸고, 8월 이후 조정기에 접어들어서는 호가가 실실 기내려 와서 거꾸로 시장의 바지가랭이를 잡아 끌어땡긴다. 특히 입주 물량이 한꺼번에 터지는 비교적 외곽 지역에서는 더욱 더 그러하다.

상승기와 조정기의 시장 선도 호가를 비교해보면 정 반대의 현상이 나타난다는 재밌는 걸 발견할 수 있는데, 상승기엔 시장에 나온 호가 중에서 최고호가가 시장을 선도했다면 조정기(하락기)에는 시장에 나온 호가 중에 최저호가가 시장을 선도한다.

즉, 상승기에는 사람들이 대체로 최고호가를 보고 "우와 그 아파트단지의 값이 그마이나 올랐다 카더라."라고 단정하고 하락조정기에는 최저호가, 특히 공포심에 실려나온 급매물을 기준 삼아 "우와 그 아파트단지의 값이 그마이나 떨어졌다 카데?"라고 단정하더라. 그 아파트 단지의 평균호가를 보고 판단하지 않더라는 것이다. 군중심리는 이럴때 억수로 단순하더라구. 인간들은 외눈박이다.

현장에서 일하면서 이런 현상들을 보면 '상승기에는 최고호가가, 하락기에는 최저호가가 시장분위기를 선도한다'라는 걸 나는 피부로 느낄 수 있다.

상승할 때는 최고호가를 바라보며 사람들 가슴이 흥분하여 벌렁거리고 조정기에는 최저호가를 바라보며 사람들이 공포심에 가심이 벌렁거린다.

다만 꼭 그 집이 필요한 실수요자라면 그 아파트단지에서 몇 안 되는 로얄호수는 최저호가만 바라보고 기다려서는 자기 손에 들어오지 않는다는 걸 생각해 볼 필요도 있다.

아, 또 하나 재미있는 것은 상승기엔 그 말도 안 되는 최고호가에 인간들이 실실 취한 듯 메달려 기올라가던데, 조정기에는 그 말도 안 되는 최저급매호가에도 불구하고 인간들이 잘 안 딸려가더라.

왜? 상승기에는 더 상승할까 봐? 애가 닳아가꼬 덥썩 물어뿌는데, 그래서 값은 억수로 비싼데 거꾸로 거래량은 많아지고, 하락 조정기에는 더 기내려 갈까봐? 덥썩 안 물고 다들 기다려뿌데? 그래서 값은 억수로 기내려 갔는데 거꾸로 거래량은 끊켜뿌고 그카더라.

극과 극의 심리적현상이 아닌가? 이리 생각된다.

따라서, 거래량과 부동산의 값은 정비례한다는 것을 실물시장을 통해서 알 수 있다. 각종 부동산관련 흐름에 관한 뉴스에 단골로 등장하는 것이 거래량인 이유도 바로 여기에 있다. 거래량이 상승과 조정의 방향성을 읽는 실물 시장의 대표적인 지표가 되는 것이다.

근데 맨날 기다리는 사람은 상승기에는 떨어지기만을 기다리기만 하고? 조정기에 급매물이 나오더라도 더 떨어지기만을 기다리기만 하고? 급매물이 없어지고 실실 기올라가면 또 다시 떨어지기만을 기다리기만 하고? 이런 분들을 결정장애라고들 하던데? 이도저도 아니면 머 우야라 말이고? 이런 시기에도 짬짬이 거래가 되고 있다는 걸 눈여겨 볼 필요도 있다.

형편 안된다면 우얄 수 없지만도, 형편이 된다면 장기長期로 살아갈 내 집 하나는 있어야 되고. 하나 정도는 값의 기복에 연연하지말고 편하게 장만하여 오손도손 얼라낳고 키우고 살면 된다.

너무 돈돈에 얽매여 자기 살 집을 판단 말고, 집은 소중한 삶의 터전이라는 기본적인 인식이 필요하다. ⟨2016. 1. 23⟩

주택시장에서는 바람이 제일 무섭다!

아무리 대출규제니 디티아이니 디디티니 캐 싸도 주택시장에서는 바람이 제일 무섭더만은. 내가 겪어보니.

예를 들어보면, 몇 년 전까지만 해도 수성3가지역 중대형 악성 미분양이 대구 아파트시장 바짓가랭이를 물고 늘어지는 깊이 박힌 쇠사슬이라 캤는데, 바람이 몰아치니 고마 언제 그랬는고 싶을 정도로 마파람에 게눈 감추듯이 소진되뿌데? 대구 전국 소득 꼴찌니 뭐니 캐싸도 돈들이 오데 숨었다가 툭 티 나오든동? 한 길 물속은 알아도 한 집 장롱 속 사정은 모르겠드만은.

또한 대구 바람이 쎄게 불어대니깐 대출규제? 그 딴 거 신경 안 쓰는, 전국 각지의 배 볼록볼록 티 나온 똥파리들도 KTX타고 다 기내려 오더만. 이론이고 과학이고 수학이고 지랄이고 다 필요없더라구. 바람 한 번 나뿌니깐 아이도 내삐리두고 돈보따리 들고 도망쳐뿌요.

그라마 바람이란 무엇이냐? 딱 꼬집어 설명할 수 없는 거더라구. 사람들이 어느 순간부터 한 방향만 보고 쏠려 가뿌데.

점잖게 바람에 안 휩쓸릴려고 다시 돌아올 끼라고 버티고 있어 봤자 한 번 바람난 놈은 돌아오지 않더라. 바람이 제일 무섭고 또한 바람이 다 해결해 주더만. 세상이 다 바람 나면 나도 같이 바람나는 기 제일 좋데이.

그라마 대구 지금은 바람이 어떻냐고? 태풍은 다 지나가고 잔챙이 바람만 군데군데 남았어. 물 좋은 캬바레들은 이미 입장료가 천정부지로 올라버렸더라구.

바람은 언젠가는 잦아든다는 거. 남들 다 바람 실컷 피우고 돌아오는데 기리 늦게 새삼 인제사 바람피우러 가지마! 늦바람은 무서운거야~

〈2015. 7. 28〉

집 한 채를 가지고 롤러코스터를 타다가는 추락할 수 있다

집 한 채를 가진 이가 있다. 몇 년간 대구 흐름을 타고 많이 올랐다.

'이젠 다 올랐겠지? 한 2년 정도 떨어질지도 몰러. 내집 꼭대기에서 팔아삐고 2년 전세 살다가 맘에 쏙 드는 집 떨어지면 사야징.'

요렇게 집 한 채 갖고 롤러코스터 타다간 골로 간 데이.

때론 인간은 우직한 생각을 가질 필요가 있어. 잔머리 너무 굴리면 머리 아프니 좀 쉬어가는 거도 좋아!

살다 보면 좀 손해일 수도 있고 뜻하지 않게 득을 볼 수도 있는데 너무 곡선만 좇아댕기다가는 오히려 그게 발목잡을 수도 있어!

2년 후가 더 꼭대기면 우짤낀데? 아무도 몰라~지금 대구는.

〈2015. 3. 11〉

삶의 터전인 집에 대한 접근은 억수로 겸손해야

요즘 아파트 분양권이다, 프리미엄이다 하면서 마치 집의 가치가 프리미엄 몇 백만 원 가치밖에 안 되는 듯한 느낌이 들 때도 있다. 또한 인터넷의 발달로 재테크 카페 같은 것도 더러 생기면서.

그런데 올라오는 글이나 댓글 같은 것을 보면, 간혹 집에 대해 지나치게 비하하는 듯한 언사도 심심찮게 볼 수 있는데, 예를 들면 "그 아파트나 저 아파트나 고만고만하다."라든지 마치 집에 대해 무슨 노리갯감으로 생각들 정도로 접근방식이 교만하게 보이는 경우도 있다.

어떨 땐 내가 살고 있는 아파트를 가지고서도 그런 경솔한 언사를 써서 꽤 불쾌해지더라. 그래도 어른들이, 우리의 어머니 아버지들이 기거하는 집일 터인데 말이다. 아마도 집을 놓고 아무 생각 없이 비교하다 보니 고만고만하다는 등 그런 어투를 쓴 거 같은데 젊은이들이 집에 대해 좀 더 겸손하게 접근할 수는 없는가? 하는 생각에 씁쓸해지기까지 하더라.

집이란 무엇인가? 우리 삶의 원천이자 생활의 터전, 가족의 소중한 보금자리인 거라. 월세집이면 월세집대로, 내 집이면 내 집인 대로 대형이나 소형이나 다 소중한 거라 말이지. 우리에게 없어서는 안 될 귀한 집이라 생각된다면 억수로 겸손하게 접근해야 된다는 거라.

댓글 같은 거 하나 쓸 때도 이런 겸손함으로 접근해야 된다고 본다, 나는. 노숙자도 아이고 말이지. 〈2012. 2. 23〉

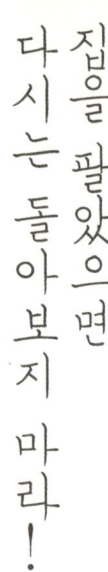
집을 팔았으면 다시는 돌아보지 마라!

　집을 팔아놓고 그 집 값이 내가 판 금액보다 더 오르나 내리나 풀방구리에 쥐 드나들 듯이 수시로 조회하는 사람도 있다.

　그리하야 내가 판 금액보다 더 내려갔으면 입이 위로 찢어지고 내가 판 금액보다 더 올라갔으면 입이 아래로 찢어진다.

　이런 심보는 억수로 이기적인 도둑놈 심보인 거라. 내 집을 산 사람의 입장에서 생각해 보라. 그 사람은 내 집을 사자마자 집값이 내려가면 좋겠나?

　내 집을 남에게 팔면 내 집을 산 사람에게 복이 오고 득이 되야 되나요? 반대로 손해가 되야 되나요? 당연히 뒤에 사람에게도 복이 와야겠지요? 그라마 내 집을 판 이후에 값이 더 올라가야 맞잖수?

　근데도 말이지, 대부분의 사람들은 내가 정점에서 집을 팔았기를 원한데이. 그건 억수로 나쁜 심보인 기라!! 그거이 너무 지나친 인간은 그 벌칙으로 밤마다 속에 천불나게 만든다! 누가? 하늘이.

　집을 팔았으면 쓸데없이 그 집 실거래가 조회하지 말고 다시는 시간낭비 정력낭비하며 뒤돌아보지 마라! 그리고 일상에서 충실하게 열심히 일하여 그 돈 더 벌면 된데이. 세상은 넓고 인생은 길다!

　분양권도 마찬가지다! 적당하게 벌었으면 팔아삐고, 뒷사람 몫도 남겨두는 거이 복 받는 길이다!

　돈이란? 내 것이 아닌 남의 몫도 인정할 줄 아는 싸가지 있는 사람한테 붙는 거지, 남의 몫까지 다 못 거둬묵어 배 아파하는 염치없는 인간한테는 무서워서 달아나삔다구!　〈2014. 5. 29〉

남에게 결정해달라는 건 좀…. 좀 답답하다!

결국은 자기가 염두에 둔 아파트가 앞으로 돈이 되느냐 아니냐라는 질문인데 요즘 대구 젊은이들 자기가 살 집을 지나치게 돈으로만 보고 결정한다는. 대구, 언제까지 이래야 되노. 이거? 가슴은 점점 메말라 가고.

실수요면 자기 자금이나 자기 가족들 사정이나 직장이나 등등을 기준으로 자기 소신껏 결정해야 한다!

투자목적이라면 몰라도?

자기가 살 집을 남에게 결정해달라?

라운드형 발코니, 그립지 않습니까?

요즘 분양 중인 아파트엔 라운드형 발코니를 찾아 볼 수 없어졌습니다. 기존 아파트를 쭉 둘러보면 라운드형 발코니 억수로 많습니다. 우리 집도 마찬가지로 라운드형 발코니입니다. 저는 이곳에다가 자전거를 들여 놓습니다.

라운드형 발코니는 아파트 미관도 좋게 만들고 발코니도 넓게 쓰고 (법이 바뀌어 옛날 아파트보다 지금 분양하는 아파트 발코니가 쪼매 작음) 전망도 더 좋게 볼 수 있어서 좋습니다. 김장을 할 때면 발코니 억수로 넓어 갖꼬 얼마나 편리한지 몰라예~

요즘 분양아파트는 아예 확장을 쎄리 해뿌고 라운드형은 없고 일자형만 있군요. 라운드형이 그리운 때가 되었습니다.

⟨2012. 1. 18⟩

묻지마 3순위 청약, 과연 로또를 기대했을까?

어제 마감한 대구 침산 강변 일성투루엘 아파트 3순위 청약. 어느 평형은 3명 모집에 514명이 접수하여 171대1이다. 하이고야! 쪼매 분위기 잡히고 피가 얼추 붙는다 카이. 온 동네 아지메, 총각, 처녀, 아저씨들 다 나오셨구만은. 분양회사는 171대1이라고 크게 써 붙여서 선전해대겠구만요. 그러나 아쎄라, 채 5명도 안 되는 모집인원에 과연 이게 옳은 경쟁률이라꼬 평가할 수 있겠남유?

514명 중에서 511명이 미역국을 묵을 끼라. 히히~ 자, 그럼 이분들은 무슨 로또를 기대하고 청약했을까요? 난 이분들이 결코 로또만을 기대한 건 아니라고 봅니다.

희망希望. 나는 감히 이렇게 정의하고 싶데이. 어렵고 삭막한 세상에 기댈 데라곤 없고. 돈 일백만 원 넣어 놓고 발표날 때까정 일주일간 희망을 가지고 싶어서 말입니다! 걸리면 피가 얼마나 붙을지 모리겠지만도, 소박하고 작은 희망을 내 맘속에 품어 보는 것! 다람쥐 쳇바퀴 같은 세상에 새로운 변수에 대한 기대감을 갖는 것! 뭐 이런 거 아니겠습니꺼?

로또는 떨어지면 내 돈도 안 돌려줍니다. 청약, 이건 미역국 묵어도 내 돈 한 푼도 안 다치도 몽땅 돌려

주지요! 내 돈 손해 안 보고 희망이란 걸 공짜배기로 살 수 있다는디 그 누가 말리겠습니껴?

그카마 이 글 쓰는 니는 청약했냐구요? 하하. 어제 저는 희망을 품을 돈 일백만 원도 통장에 없더군요. 우리 동네 쪼매 똑똑한 똥개들도 청약접수증 물고 댕기던데 말입니다. 〈2011. 11. 15〉

(이 책이 발행되는 시점인 2015년 3월부터는 2순위가 없어지고 3순위가 2순위가 됨)

바야흐로 초등학교 학군 시대가 왔다!

'학군' 하면 일반적으로 고등학교 학군을 말한다. 좋은 학군으로 이사 가는 것도 다 중학교 2, 3학년에 한다. 좋은 고딩학교에 추첨되도록 말이지. 좋은 고딩학교에 몰려있는 데는 학원 인프라도 뛰어나다.

이 일을 하다 보니, 요즘 부쩍 새로운 변화를 느낄 수 있다. 바야흐로 초딩학교 학군이다. 이제는 고등학교 중심 학군이 아니라 초딩부터란 말이지.

세상은 변해서 맞벌이 부부가 일반적이고, 그러다 보니 한자녀가정이 억수로 많아지고, 그카다 보니 내 새끼 하나는 어릴 때부텀 명품교육을 시키고 싶어진다. 핥고 빨고 싶은 귀하디 귀한 내 새끼를 아무 데나 보내고 싶지 않단 말이다.

대구 수성3가 화성파크드림은 요상빼꿈하게도 1, 2단지 주소가 틀린다. 그카다 보니 2단지는 동일초딩에, 1단지는 동도초딩에 간다. 동일초딩은 2단지에서 도로 하나 건너면 바로다. 2단지 엔간한 동에서는 핵교운동장이 보인다. 내 새끼가 학교에서 걸어오는 동선이 거실에서 손바닥같이 보인다.

따라서 2단지가 1단지보다 훨씬 미분양 소진이 빨랐다는 건 말할 필요 없제. 이기 바로 초딩 학군

아인가베. 뭐 어렵을 거 하나도 없구만은.

시대가 메말라지면서리 초딩을 대상으로 한 범죄도 많이 발생한다. 핵교도 좋고, 집에서도 가깝아서리 범죄에도 안전한 아파트가 인기란 말이지. 또, 부모들 대다수가 초딩핵교 댕기는 애들이 큰길을 건너는 걸 또 좋아하지 않는다.

어제도 전화 한 통을 받았다. 초딩 입학예정인 아이가 있는 부모인데 동일초딩 옆 4억 5천 상당의 아파트 전세를 구해달라는 전화.

근래에 저 윗동네 동판교에 다녀왔는데, 으아… 거기 모 혁신 초등학교 학군 대단하데. 바야흐로 시대는 초등학교 학군 시대로다!

아파트 주방구조를 보는 눈이 억수로 독특한 어느 고객

오페라 코오롱하늘채 아파트분양권을 산 젊은 우리 고객님. 타워형보단 동향이지만 판상형을 산 이유가 독특하다. 타워형 구조에는 주방이 한 쪽으로 쑥 기들어가 있으므로 애기 엄마가 주방에서 일을 할 때에 거실에서 노는 아그야를 볼 수가 없단다.

즉, 주방일을 할 때 돌아서 거실 쪽으로 등을 보이고, 그것도 한쪽으로 쑥 들어가 있기 때문에 말이죠.

그 참, 지가 어제 하나 배웠시유. '아하, 그런 거도 있구나.' 하고 말입죠. 인간은 죽을 때까정 배워야 된다카이.

근데 나도 이의 있습니다! 우리같이 중늙은이들은 아그야가 없으니 해당사항 없잖아유. 중늙은이 남편 꼬라지 보기 싫은 아지메들은 주방일 하기 오히려 더 좋지 않을까유? 독립성 있고 호젓하고 말입죠. 하하!

〈2012. 2. 2〉

(1) 아직도 평당 얼마냐? 묻는 답답한 사람들

아파트 평수의 함정

아직도 이런 사람들이 있어서 답답하다. 시대는 저만큼 가는데 사고는 옛날 사고방식이제. 특히 대구같이 보수적인 동네 사람들은 변하기를 싫어한다.

지금 시대는 이미 m^2시대이다. 모든 공문서에 평을 쓰지 않고 m^2를 쓴데이. 1평=3.305m^2인기라. 뭘 알아야 면장을 하지. 뭐 쪼매 안다꼬 너무 꺼떡거리지 말라꼬? 이럴 때 쪼매 꺼떡거려보는 것도 애교로~

전용 85m^2까지를 통상 국민주택규모라고 카지. 서민주택이지요. 요 전용면적에서 공유면적을 더한 통상 분양면적이 31~36평짜리인 기라. 근디 말이지, 전용은 똑같은 평수인디, 각각 다른 분양평수 갖고 평당 얼만기요? 이카면 억수로 바보지러.

강촌마을 보성강남은 31평, 동호지구 아름다운 나날은 31평, 각산태영데시앙은 36평이다. 또 요즘 짓는 대부분은 33평 내지 34평이고, 일성트루엘 35평, 효성더루벤스 34평, 웅진 34평 등등. 즉, 같은 전용 85m^2짜리 아파트 분양가를 언 넘은 34평으로 나누고, 언 넘은 31평으로, 36평으로 나눈다면? 그기 어찌 제대로 비교가 되남?

그카마 어찌 질문해야 되능 기요? 전용 84(85)㎡짜리 전용 59(60)㎡짜리 분양가가 얼만기요? 그래서 총분양가로 비교해야 제대로 된 비교가 된다 카이.

예를 들어서 신천자이 85㎡ 256,950천, 일성트루엘 85㎡ 227,000천, 웅진 85㎡ 239,500천, 효성루벤스 85㎡ 261,000천…. 이런 식으로 말입니다. 이리하면 일목요연하게 비교되잖아요? 34평이나 35평이나 33평이나, 전용은 죄다 84.????(85)㎡으로 다 똑같은 넘들입니다.

근디 아직도 걸걸한 목소리를 전화해갖고 기껏 묻는다 카는 말이 "거, 어느 아파트 평당 얼만기요?" 이카는 사람 아직도 있단 말입니다. 나 홀로 똑똑한 척 함시로 말입니다. 나는 이런 사람 제일 기분 나빠유! 시대에 따라가야 합니다! 〈2011. 11. 12〉

(2) 전용면적과 분양면적을 확실히 이해해야 한다

아파트 전용면적이란 무엇인가? 말 그대로 내가 실제로 사용할 수 있는 실제 내 전용평수란 말이지러. 지금 33평(111㎡)이니 34평(113㎡)이니 하는 것은 전용면적이 아니고 분양면적입니다. 59.????㎡(약 18평) 84.????㎡(약 25평)이라 표기되는 것이 바로 전용면적이다. 현관문을 열고 들어서면 우리 집 발코니를 제외한 실제면적이 바로 전용면적인기가.

이 전용면적에서 공유면적(엘레베이터 및 계단)을 합한 면적을 분양면적이라 칸다. 즉, 분양면적은 내 집 현관문을 들어서면서부터가 아니고, 거기다가 내 집 앞 엘리베이터 공간과 계단공간을 합한 거라. 그카마 분양가는 뭘로 받노? 당연히 분양면적으로 계산하여 받는다. 관리비는? 마찬가지로 분양면적으로 계산한다.

그카마 33평보다 35평이 관리비를 더 받겠넹? 그건 아니다. 같은 아파트에서 내 집이 35평이면 다른 집 모두가 35평이므로 결국엔 동일하다. 언 넘은 33평이고 언 넘은 35평이냐고? 계단과 엘리베이터 기다리는 공간이 넓을수록 분양면적은 넓어진다.

전용면적+공유면적=분양면적이 된다. 〈2011. 11. 12〉

(3) 발코니면적이 요즘 억수로 중요하다

전편에서 전용면적과 분양면적으로 말했는데 전용면적과 분양면적 어디에도 속하지 않는 것이 바로 발코니다. 발코니는 편의를 위해 임의로 바깥으로 뺀 것이므로 건물면적에 실제로 포함되지 않는다. 한국말로다가 말한다 카면 난간이라 캐야 되남? 그카마 이 난간이 머라꼬 그리 중요하단 말인고? 자, 이제부터

이 발코니면적이 와 억수로 특별하게 중요한지? 단디 들어보소!

기존 아파트는 대부분 발코니가 그대로 있습니다. 최근에 준공하고 후분양한 평리조합아파트 푸르지오도 발코니가 그대로 있습니다. 이전에는 꼭 필요한 방 한 개 정도만 돈 주고 불법으로 확장을 해서 대부분 입주하였더랬습니다. 화분 놓는 공간 빨래 너는 공간 등을 사용하였더랬습니다! 보통 전통 판상형 아파트 에선 앞뒤 발코니가 억수로 널찍하였습니다.

이전엔 건물하중 등등 안전이 문제가 되므로 발코니 확장을 못하게 법으로 정했었더랬습니다. 하지만 지금은 이것이 합법화 되었고, 너도나도 분양 당시 첨부터 아예 확장을 전 세대 해뻽니다. 요새 모델하우스 가보면 전용 $59m^2$짜리도 억수로 큰 이유가 바로 이겁니다.

무료로 확장해 준다? 천만의 말씀 만만의 콩떡이지요. 귀에 걸면 귀고리, 코에 걸어뻬면 코거리로, 다 분양가에 알게 모르게 포함되었다고 보시면 됩니다.

지금은 올 확장을 아예 첨부터 해버리기 땜시로 이건 발코니가 아니라 바로 실질적으론 전용면적이 되뻔단 말씀이지요. 발코니를 확장해뿌므로써 분양가에 포함되지 않는 발코니면적이 내 전용면적으로 흡수되뻔다는, 바로 여기에 정답이 있습니다.

그라마 좋은데 뭘 가지고 함정이니 머니 해쌌느냐구요? 같은 분양아파트 같은 평수라도 이 발코니면적이 타입에 따라 다르다는 데 함정이 있습니다. 세계육상선수촌2단지 34평은 타입에 따라, 발코니면적이 32.10m²~39.22m²까지 다릅니다. 범어동 某신규분양아파트 34평은 타입에 따라, 발코니면적이 22.740m²~42.9100m²까지 다릅니다. 즉, 같은 아파트, 같은 분양가 같은 전용면적에서 3.3㎡~20㎡정도까지 차이가 나는 것입니다.

옛날엔 이기 그냥 발코니나 난간의 개념이었지만, 지금은 이기 전용면적의 개념으로 되었다는 데 문제의 초점이 있지요. 즉, 같은 돈 주고 전용으로 쓸 면적의 차이가 몇 평이나 차이난다 카면 믿으시겠습니까? 요즘 분양하는 아파트 모델하우스 유심히 살펴보면 어느 것은 억수로 커 보이고 어느 것은 쪼매 작아 보이는데, 바로 이 발코니면적의 차이라는 걸 알 수가 있습니다.

보통 전통적인 구조인 판상형이 앞뒤 발코니가 있기 때문에 대부분 발코니면적이 넓고, 타워형구조는 앞뒤가 없으므로 쪼매 비교적으로 발코니면적이 작다고 보면 됩니다.(다 그런 건 아님)

확장비용이 비싼 것이 좋나요? 싼 것이 좋아요? 발코니 확장비용은 비쌀수록 좋습니다. 왜? 발코니가 그마만큼 넓으므로 비용이 많이 들어가니깐요!

발코니 인제부터 단디 보이소!   〈2011. 11. 12〉

30년간 1년만기 정기예금이율 변동내역 분석

연도	이율	연도	이율
1988~93	10%	2006	3.2%
1994	8.5%	2007	3.6%
1995	9.1%	2008	3.8%
1996~97	9.4%	2009	3.7%
1998	9.3%	2010	2.8%
1999	8.2%	2011	2.7%
2000	7.0%	2012	2.8%
2001	6.8%	2013	2.6%
2002~03	4.3%	2014	2.2%
2004	3.6%	2015	1.8%
2005	3.0%	2016	1.3%

참고: 국민연금관리공단에서 내부적으로 적용하는 시중은행들 1년만기정기예금이자율 평균임

위 표의 흐름을 단디 보면?

• 2004년도 부터 3%대로 떨어졌다는 걸 알 수 있고

• 2010년도 부터 2%대로 떨어져 우리나라가 저금리시대에 접어들었다고 볼 수 있다.

• 2003년 이전의 이율은 심지어 10%대까지 올라 간적도 있을 만큼 고금리시대였으며,

- 주택가격도 고금리를 따라 가려니 자연스럽게 매년 상승할 수밖에 없었던 구조였다고 볼수있다.

- 그러나 이제는 저금리시대이므로 12년전 이전같이 금리를 따라잡으려고 상승하는 시대는 지났다.

- 이젠 저금리시대에 마땅히 갈 곳 없는 여유자금이 부동산을 받혀주는 모습이랄까? ⟨2017. 2. 3⟩

취득세 영구인하 최대수혜자는 다주택자 투자자이다

정부와 여당이 취득세 영구인하 적용을 2013년 8월 28일자로 소급하기로 했다 칸다. 민주당도 지방세 보전 대책만 세운다면 찬성한다고 칸다. 말도 많고 탈도 많던 영구인하문제가 여론에 떠밀려 가닥을 잡은 모양새다.

나는 진즉에 소급 적용할 줄 알고 있었데이. 영구인하적용을 내년부터 한다는 게 정부의 정책방향이었지만도 그 마무리 결정은 국회에서 해야 하거든. 국회는 정치이고 정치는 정책을 이기게 되어 있어. 왜? 정치는 절대로 여론을 무시할 수 없는 거잖아. 소급 적용을 하지 않는다면 국민들이 떼거지로 국회로 달려들 태세였거든.

그카마 이 취득세 영구인하의 최대수혜자들은 누구일까? 물론, 무주택자들이 이참에 내 집 마련하려는 데 애법 많은 도움이 되겠지만, 실제로는 다주택자들에게 혜택이 돌아가는 정책인기라. 이전 정책들과 달리, 다주택자들에게도 일괄적으로 적용한다는 게 그 포인트다.

1주택자들은 지금도 한시적으로 2.2%(농특세 교육세 포함) 적용을 받고 있으니 3억짜리 집을 살 때 취득세가 660만 원에서 330만 원(농특 교육세 포함 1.1%)

으로 줄어든다. 반면에 다주택자는 4.6%(농특세 교육세 포함)에서 1.1%로 줄어드니 1,380만 원에서 330만 원이 되므로 그 혜택의 폭이 억수로 크잖아.

따라서 다주택자들에게 최대수혜가 가는 정책이며 이는 돈 있는 사람들이 집 좀 많이 사 갖고 세도 많이 내고 집 문제를 해결하고 미분양이나 신규분양도 촉진하자는 이바구다. 결국 부동산 경기는 투자자들이 적절하게 기들어감으로써 그 효과를 볼 수 있다는 접근인거라.

이런 문제는 어찌 보면 오히려 정부에서 투기를 부추기느냐 아니면 부동산 시장을 살리는 방편이냐의 양날의 칼 같은 거라.

취득세 영구인하. 이런 포인트를 정확하게 알 필요가 있다구.

〈2013. 11. 5〉

분양아파트 취득세는 언제까지 내야 하나?

취득세는 지방세의 대표적인 것이다. 시市, 군郡, 구區 등 기초자치단체의 주요 세원이다. 2014년 1월 1일부터 취득세 영구인하를 하면서 2013년 8월 28일로 소급적용시 줄어드는 취득세가 2조 4천억이란다.

이걸 국가에서 지방에 물어준다 카잖아. 거참…. 울 나라 돈 많구만은. 그 돈 오데서 나와? 바로 내 호주머니에서 나오징~~

그건 그렇다 치고 신규 분양아파트 취득세는 언제까지 내노? 정답? (준공)사용검사일과 잔금완납일 중 늦은 날로부터 60일 이내다.

그카마 사용검사 받기도 전에 잔금 내는 일도 있나? 물론 있다구. 선납할인 받으려구 미리 당겨내는 일도 있잖수. 따라서 잔금을 미리 낸 경우에도 그 건물이 완공되어 사용검사를 받은 날로부터 60일 안에 내면 된다. 물론 자진신고하고 납부해야 된다. 구청에서 내라고 연락할 의무가 없다는 뜻이라 카이.

구청에서 연락할 의무도 없이 자진신고라 캐놓고 날짜를 어기면? 20%의 가산세를 물어야 되는 걸 단디 머리에 새겨둘 것.

〈2013. 11. 5〉

신규아파트 취득세 과표에 프리미엄을 포함한다

신규 입주아파트에 대한 취득세는 분양가를 기준으로 취득세를 매겼다. 프리미엄이 얼마가 오갔든? 분양권 거래가 몇번 됐든간에 최초분양가 기준으로 매겼었다.

취득세는 실거래가를 기준으로 하는 게 원칙이지만도 신규아파트는 +P도 있고 -P도 있어서 혼란스러우므로 고마 분양가 기준으로 떼렸뿟능기라. 여태껏.

정부가 2015년 11월 9일 슬그머니 이 기준을 바꿨다. 이젠 '분양가+프리미엄=실거래가'를 기준으로 취득세를 매긴다는 구나.

전용 84짜리 3억짜리 분양가를 프리미엄 1천을 주고 샀다 치자. 전에는 3억을 기준으로 1.1%인 3,300,000원을 냈는데 인자 3억 1천의 1.1%인 3,410,000원을 내야 된데이.

근데 (-) 프리미엄인 경우에는 분양가에서 그만큼 빼고 취득세를 매길까? 대법원 판례가 어쩌고 저쩌고 카다가, 여론에 밀려 (-) 프리미엄일 경우는 분양가에서 그만큼 빼준다.

프리미엄을 합하여 6억이나 9억이 넘으면 2.2%나 3.3%의 취득세를 내는데, 이 구간에 따라 취득세가 늘어나므로 매매할 때는 잘 판단해야 할 것이다.

결론적으로 이전보다 취득세를 쪼매 더 낸다고 보면 된데이. 이건 일종의 증세에 가까워 보이는 정책이다. 억울하다고? 그라마 분양권 안 사면 그만이다. 자기가 당첨되면 되지 뭐~

〈2016. 1. 18〉

**취등록세란 말은 없다.
등록세 폐지 통합된 지 오래다.**

아직도 시중에 보면 취등록세 감면이니 하며 플랜카드가 걸렸어. 이런 플랜카드 내건 분양업체는 기본도 모른다고 할 수 있데이. 왜냐하면 등록세가 없어진지가 오래이기 때문이지러.

어떤 사람은 등록세가 없어진고로 그카마 세금이 반으로 줄었네라는 사람도 있던데, 하하… 이건 웃어야 하나 말아야 하남?

2011. 1. 1부터 등록세가 없어지고 취득세로 통합되어 단일화되었고, 기존의 취득세 2%+등록세 2%=합 4%에서 그냥 취득세 4%로 통합단일화됐다 카이.

거기서 또 한시적으로 반을 줄여서 2%를 내고 있었던 거고 또 이번에 영구인하로 다시 1%로(6억 이하 주택) 줄인 거제. 요리조리 쪼물딱거려 심심하면 줄여나가니 나중엔 아예 취득세는 없어질 기라. 아, 우리나라 좋은 나라. 하하, 말 되남?

각설하고 이젠 등록세가 없어진고로 취등록세란 말은 맞지 않단 말이다.

취등록세라는 말은 이제 쓰면 안 된다. 그냥 취득세만 있을 뿐.

〈2013. 11. 5〉

취득세에 교육세와 농어촌특별세가 붙는디…

앞에서 취득세 영구인하에 대해 언급했고. 요기선 취득세에 빌붙어 있는 세금에 대해 알아본다. 소위 말한다 카면? 꼽사리끼었다 캐야 되남?

하여튼 빌붙었다는 것 자체가 기분을 껄쩍찌근하게 맹글잖아. 그기 바로 지방교육세와 농어촌특별세인디 이렇게 꼽사리낀 놈들을 뭉뚱그려 듣기 좋은 말로다가 부가세라 칸다냐? 부가가치세 하고 혼동하면 안 돼. 등짝에 빌붙었다고 해서 그냥 내는 부가세인거야.

지방교육세란 놈은 원래부터 취득세 등짝 파묵고 살던 놈이고, 농어촌특별세란 놈은 원래는 등록세 등짝에 붙었던 놈인디, 통합되면서 취득세 등짝으로 이사왔당께. 하하. 이런 건 이사 안 오면 안 되남유?

전용면적이 85m² 초과인 큰 집 등짝에만 기생하니 농어촌특별세는 그래도 양심은 있어~ 그카고 보니 농어촌 사람들은 큰 집 사는 사람들한테 고맙다고 해야 돼! 반면에 교육세는 작은 집 사는데도 다 붙어, 문디 같은 기… 서민들한테도, 추접구로~ 요새 핵교 교육은 얼마나 잘들 하는지 모르겠지남도~

아래 표와 같이 딱 붙어 댕긴다고 보면 된데이. 다만, 취득세 영구인하를 취득세 감면의 의미로 볼 것인가 아닌가에 따라. 농어촌특별세의 율이 달라질 수 있는데, 그건 추후 법령정비 시에 정리될 것인즉, 여기선 그냥 현행대로 감면이라고 보고 율을 적은 것이니 착오 없도록. 〈2013. 11. 5〉

예) 6억 원 이하 주택(취득세 영구인하 시)

	취득세	지방교육세	농어촌특별세	계
전용 85㎡ 이하	1%	0.1%	비과세	**1.1%**
전용 85㎡ 초과	1%	0.1%	0.65%	**1.75%**

소액임차인 최우선변제금
상향개정시행 2014. 1. 1. 부터

2014년부터 소액임차인 최우선변제금이 쪼매 상향 개정되어 시행한다.

• 소액임차인 최우선변제금이란 무엇인가?

전세든 월세든 간에 주택임대차보호법에 정한 최소금액에 대하여는 임차인이 들어간 날보다도 앞선, 즉 선先담보나 선先근저당이 설정되어 있더래도 경매에 넘어가면 선담보나 선근저당보다도 최우선적으로 보호받는 최소금액을 말한다구.

• 대구광역시의 경우엔 2010년 7월 26일 개정되어 현재까지 시행 중인 것은?

보증금 5,500만 원 이하일 경우 1,900만 원까지 최우선 보호되었는데, 이기 내년부터는 보증금 6,000만 원 이하일 경우 2,000만 원까지 최우선 보호받게 되는 거라. 보증금은 500만 원 올리고 보호금은 100만 원 올렸어.

• 여기서 잠깐 문제를 내 볼까?

1억짜리 아파트에 보증금 6,000만 원 걸고 2014년 1월 2일 전세로 기들어갔어. 근데 2013년 1월 5일자에 근저당이 2,000만이 먼저 잡혀 있어. 이기 시세가 1억이므로 6,000+2,000=8,000 밖에 아니되므로 개안겠지? 함시로 룰루랄라 기들어간 거야. 근데, 주인이 2,000만 원을 갚지 않고 토껴버려서 경매가 넘어간 게 야. 경매는 6,000만 원에 낙찰이 됐다 치자. 임차인은 얼마를 받을까요?

일단 임차인의 보증금이 6,000 이하이므로 소액임대차보호법 기준에 해당되잖아. 그라마 6,000만 원을 몽땅 임차인에게 주겠네? 그랬으면 얼마나 좋을까만은 천만의 말씀, 만만의 콩떡. 몽땅 안 준다구. 왜? 2,000만 원만 최우선으로 준다 캤잖아. 그라마 나머지는? 경매 6,000에서 우선적으로 2,000을 임차인에게 주고난 후 남은 4천만 원은 최우선이 없다구 순서대로 하능 거야, 인제는. 즉, 근저당 잡은 인간한데 2,000 주고 2,000 남으면 다시 그거는 임차인에게 주겠지? 결론은 임차인이 룰룰랄라 카다가 2,000날리삔 거지. 그그 참, 안됐네.

그라이까네 혼자 덜렁 하지 말고 공인중개사한테 하라 캤잖아! 정신 똑바로 박힌 중개사들은 그런 집은 전세 절대 안 놓는다구.

여기서 잠깐!!!

- 만약에 이 집이 보증금 2,000에 월세 50만에 나왔다 카면? 당 중개사는 이 집을 세 놓을까요, 치아뿔까요?

정답 세 놓습니다! 왜? 월세인 경우엔 보증금 부분만 해당하거덩요. 즉, 50만 원을 5,000만 원으로 환산하여 보증금 7,000만짜리라고 계산하지 않는다 이 말이제. 따라서 만약 경매인 경우에도 2,000만 원 보장받잖수~ 〈2013. 12. 25〉

오늘 다음 포털사이트 뉴스 제목에 이런 글이 굵게 새겨져있네요. 그카마 클릭해서 기사 읽어봤냐 굽쇼? 내가 미쳤다꼬 이런 제목을 클릭합니까요? 이 더운데 말이지.

그거 모르는 대한민국 사람 어딨어유? 근디 새삼스레 이런 제목을, 그것도 첨 발견한 거맹쿠로? 포털 전면 톱에 고딕으로?

이런 거 보면 말입니다. 지방 사람은 인간도 아니라는 생각이 드는데 말입니다. 가뜩이나 기분 나쁘구만은, 뭐 그리 새삼스럽다꼬 그런 글을?

촌놈, 상처 받구만은… 에에잉 ⟨2012. 6. 5⟩

강남아파트 한 채 = 지방 4채 + 5,000만 원.
이런 제목은 사람 기분 나쁘게 한데이

LH휴먼시아, 브랜드가 애법 괜찮았는데 말이죠

'주공아파트'니 '뜨란채'니 할 땐 쪼매 아래로 보이다가 '휴먼시아'라는 브랜드를 쓰니 쪼매 고급스러워 보이기도 하고, 뭐 그런대로 괜찮았는데 말이죠.

대한주택공사와 한국토지공사가 합병하여 LH로 바꾸어 이제 (구)대한주택공사일 때의 브랜드인 '휴먼시아'는 안 쓴다 카네요! 아마도 (구)토지공사에서 딴지를 걸었는감? 하여튼 우리나라는 이런 기 문제라 카이까네~ 쓸데없는 자존심 같은 거.

율하휴먼시아, 신천휴먼시아, 칠성휴먼시아, 이거 얼마나 좋습니꺼? 그동안에 집값도 애법 많이 올라갔고 말이죠. 그러다 보니 휴먼시아 브랜드가 훌쩍 이미지가 좋아졌지예~ 돈 많이 올라가면 최고지 뭐야~ 동네사람들요! 안 그래유? 아마도 이 아파트들을 망설이다가 몬한 사람들은 지금쯤 억수로 배 아플끼구만은….

이제 신서 혁신도시 B4블럭이나 금호지구B2는은 그냥 브랜드가 'LH'라 그런다네요. 'LH' 뭔가 쪼매 아쉽고 뭔가 쪼매 빠진듯한… 그 뭐시냐? 하여튼 공기업은 이럴 때 순발력이 떨어진다구~

자리만 개기면 월급 꼬박 나온다 이거지? 쌈빡한

거 새로 한개 지으면 오죽 좋을까나? 'LH' 아무튼 간에 별로 맘에 탁 안 들구만은.

옛날 '주공아파트'라는 다소 부정적인 이미지로 다부로 돌아가는 거 아닌가 이거? 하하, 쓸데없는 걱정일랑 하덜덜 마시라굽쇼?

〈2012. 12. 27〉

(이 책 발행하는 시점인 현재는 '천년나무'라는 브랜드를 만들어 쓰고 있는 점을 참고 바랍니다)

방금 구청에서 와 가꼬 이런 거 놓고 갔습니다!

평은 물론이고 구 몇 평, 몇 형, 평당 얼마, 당 얼마 등등은 일체 못씁니다. ㎡만 써야 합니다!

〈2014. 7. 15〉

이제 진짜 평坪을 못 쓰니다!

법정계량단위 사용 안내문 (넓이단위)

○ 정부에서는 공정한 상거래 질서의 유지 및 산업의 선진화에 이바지 하기 위하여 법정계량 단위를 사용하도록 「계량에 관한 법률」을 운용하고 있습니다.
  • 법정계량단위 : 「계량에 관한 법률」에서 규정한 m(길이), ㎡(넓이), Kg(무게), L(부피) 등의 단위

○ "평(坪)"이나 "평(坪)"과 유사한 비법정 계량단위를 상거래나 광고에 사용하면 50만원 이하의 과태료 처분을 받게 됩니다.
  • 2010.6.1일부터 비법정계량단위 사용자에게는 시·도지사가 과태료를 부과 (1차위반 10만원, 2차위반 20만원, 3차이상 위반 50만원)

○ "평", "평형" 이외에 "형", "py" 등의 단위도 사용할 수 없으며, 제곱미터(㎡)와 "평", "형"을 혼용하여 사용하여도 단속대상 입니다.
  • (단속대상 예) 전용 85㎡(구33평형), 109㎡(-33형), 109㎡(33py), 전용 85㎡(33형)

○ 아파트·오피스텔 등의 분양, 토지·건물의 매매·임대 등 부동산 거래를 위한 신문, 전단지, 플래카드, 인터넷 등의 광고에 면적 단위는 제곱미터(㎡)를 사용하여야 합니다.

면적의 단위는 ㎡를 사용하여 상거래 질서를 확립 합시다!

KATS' 국가기술표준원
☎ 043-870-5514

KASTO 한국계량측정협의
☎ 02-3489-1341~44

천편일률적인 아파트 모델하우스 꼭 필요한가?

아파트를 분양하면 모델하우스부터 짓는다. 모델하우스는 청약을 받고, 계약을 하는 장소다. 그러나 요즘은 청약을 전부 인터넷으로 하기 땜시로, 청약을 위한 모델하우스 방문은 필요 없제.

그라마 말라꼬 모델하우스를 맹그노? 타입별 실물모델을 만들어 관람시키기 위한 것이다. 보기 좋은 떡이 묵기도 좋다꼬…. 이쁘게 장식한 모델하우스를 보게 하여 분양을 유도하는 목적이다.

그럼 이런 모델하우스를 이쁘게 꾸미는 데 돈은 안 드남? 당연히 돈이 들지러, 그것도 많이. 그런데 이렇게 많은 비용이 들어가는 모델하우스를 꼭 만들어야만 하는가? 모델하우스 안 맹글고 이 돈을 분양가에서 빼 주면 안 되나?

난 개인적으로 모델하우스 이제 별로 필요 없다고 생각한다. 각 모델하우스 다녀보면 천편일률적으로 비스무리하데이. 쪼맨한 회사나 큰 회사나 모델하우스는 천편일률적으로 그기 그거다. 자재는 물론 다들 요즘은 고급으로 쓰니깐 어디 질 떨어지는 곳도 없더라.

인제 어지간한 시민들은 눈 깜고도 모델 훤히 꿰

뚫는다. 판상형은 어떻고 타워형은 어떻고… 안 봐도 눈에 선할 끼구만은.

다행히 공기업인 LH(한국토지주택공사)에서 사이버모델하우스를 운영하고 있다. 한 40평쯤 되는 공간을 얼어 쪼맨한 분양홍보관을 맹글어 거기서 조감도 정도만 만들어 놓고 분양한다. 이렇게 분양해도 분양 선택에 아무 지장 없더만, 직접 보는 거나 컴에서 사이버로 보는 거나 꼭 같더구만은….

그 대신에 그마만큼 분양가에서 빼줬다니 빼준 돈이 얼마인지 모르겠으나, 일단은 쪼매라도 분양가를 낮추었다는 데 의의가 있는 거 아니겠소? 모델하우스 없어갖꼬 계약을 몬 하겠다 카는 고객은 한사람도 몬 봤어. 어느 아파트라도 모델하우스가 없어도 입지 좋고 값 착하고 하면 그기 제일이 아닌가요.

디지털 시대에 말이죠. 이런 식으로라도 홍보비 아껴서 어려운 서민들 집장만에 담은 몇 십만 원이라도 도움 된다 카면 이보다 더 좋은 거 어딨느냐구요.

이런 걸 보면 말이죠. 모델하우스는 고객을 위한 것인가? 모델하우스는 아파트를 짓는 회사를 위한 것인가?라는 퀘스천마크를 붙여보고 싶군요.

〈2013. 2. 20〉

모델하우스는 하루 종일 통화 중

일단 모델하우스 오픈 전에는 온갖 홍보자료로 홍보를 하고 전화번호를 이따만하게 찍어 선전하는데 그카마 그리로 제발 제발 전화해달라는 거 아닌가?

근데, 오픈만 했다 카면 하루 종일 통화 중이다! 그라마 이리 통화량이 많은 걸 예측 몬 하남? 건설사마다 똑같이 이카더라! 전화선 좀 더 넣어라, 더. 하여튼 간에 쪼매 된다 카마 개 똥배짱들이니, 원~

그라마 답답하여 직접 가면? 그냥 들어가지나? 안 그래도 바쁜 사람 줄을 뭐 같이 세우고 말이여!

특별공급서류는 뭐가 들어가며? 이런 거 죄다 모델하우스 전화 안 되니 나한테 전화하잖아!

나한테 일당 주는 거도 아니고 말이지.

〈2014. 3. 21〉

'본보기집'이라는 우리말이 너무 예쁘다!

오늘자 매일신문 아파트 분양 홍보글에는 모두 본보기집으로 나오는구만요. 언뜻 북한말 같아 보입니다만은. 그러나 순수 우리말입지요!(모델=본보기, 하우스=집)

여태 우리는 미국말에 너무 익숙해져 있었다는 걸 새삼 뒤돌아보고 반성합니다! 우리말이 얼마나 이쁘고 멋있는데요? 모델하우스라는 말은 인자 장롱 속에 넣어뻡시다! 세종대왕 할배께서 웃고 계실 거라 믿습니다!

근디, 난 왜 자꾸 '뽄보기집'으로 발음 되노? 혓바닥이 굳어가꼬~ 허.

⟨2014. 4. 9⟩

요즘 대구는 아파트 분양소식 올리기가 겁난다

아직 분양가 등등 아무것도 정해지지 않은 그냥 어느 아파트 사전 분양홍보지 사진만 올려도, 이런 전화가 대부분이다.

"프리미엄 얼마 예측하십니까?"

털도 안 뽑았는데 닭볶음탕 달란다. 한쪽 가슴이 억수로 답답해진다!

⟨2014. 4. 15⟩

아파트, 아는 만큼 피곤하다!

『아파트, 아는 만큼 내 집 된다』라는 책을 만든 장본인지만도, 요즘 대구 젊은이들 보면 '아파트 아는 만큼 내 집 안 된다.'라는 생각이 든데이.

생애 최초로 자기가 살 집을 장만하는 데는 자금, 직장, 핵교, 교통, 환경 등등을 감안하여 진정 자기 형편에 맞게 소신껏 결정해야 하는데, 인터넷 등등 너무 많은 정보의 홍수로 인하여 젊은이들이 너나 할 거 없이 실떼엄씨 너무 똑똑해져가 꼬 아파트를 너무 돈돈돈으로만 무슨 금융상품처럼 생각들 한다.

그래서 결정을 못하는 결정장애病 든 젊은이들이 넘쳐나고 집에 질질 끌려 댕기는 피동적인 삶을 살게 된다. 내 집 마련하는데 인터넷으로 남한테 물어보고.

내 집 하나 장만할 때는 좀 소신껏 자기가 살고 싶은 곳 위주로 결정했으면 한다. 단기간에 일회일비 하덜덜 말고 좀 길게 멀리 보고, 때로는 무대뽀 정신도 필요하다. 살아가는 데.

어디까지나 아파트가 주인이 아니고 사람이 주인이다. 내가 아파트를 지배해야지, 아파트에 질질 끌려 댕기면? 진정 집은 삶터가 아니다.

'아파트 아는 만큼 피곤하다.'라는 생각이 든다.
오늘 뜬금없이. 〈2017. 10. 10〉

부동산 사무실에 상담전화하는 요령

속담에 '오는 말이 곱아야 가는 말이 곱다'라고 했다. 근데, 가마이 전화를 받다 보면 고객들의 전화로 오는 말이 그리 고웁지만은 않데이.

그건 왜 그럴까? '고객은 왕'이라 카는 분위기에 익숙해져 있기 때문이다. 그러나 왕이 될 자격이 있는가에 대해서는 생각들을 잘 안 한데이. 자기는 고객이므로 무조건 왕이다라는 건 아니잖아.

부동산에 상담전화할 경우에도 자기는 과연 고객일 뿐일까? 아니다.

자기가 무엇이 궁금하여 상담하려고 전화한 거잖아. 즉, 자기가 필요해서 중개사에게 전화 걸었는 거야! 이럴 경우엔 중개사가 고객이 되는 거잖수.

내가 하루 종일 받는 전화 대부분이 바로 이런 무료 상담전화인데, 중개사에게 무료로 무엇을 얻어내려면 자기가 고객의 입장이 되어서는 아니 되잖아. 이럴 경우 중개사가 거꾸로 자기의 고객이 아닐까? 왜? 자기에게 무엇인가 득을 주는 거잖아.

예를 들어보자. 따르르릉 전화가 온다.

(1) "뭐 좀 물어볼라꼬요."

느닷없이 이리 퉁명스레 들이대면 기분이 어떨까? 어디 물릴까 봐 두리번거린다. 혹시 블독이라도 있나? 싶어서리. 이런 분들에겐 나도 모르게 나도 퉁명스러워진다. 안 물리려면 퉁명스럽게 같이 맞대응해야 된다는 본능적인 제스처다.

(2) "아이파크에서 지하철역까지 멉니까?"

느닷없이 밑도 끝도 없이 본론부터 들이대는 사람에겐 어떤 생각이 들까? 나는 이런 분들한텐 그 동네 안 살아서 나는 잘 모르겠다라고 하고 대화를 이어가지 않는다.

(3) "만촌3차 화성 어떻게 생각하십니까?"

가타부타 서론도 본론도 인사도 없이 이리 느닷없이 청문회하듯 들이대는 사람들도 있데이. 내가 장관도 아니고 청문회에서나 있을 이런 고차원적인 질문에 의무적으로 답할 필요는 없잖아. 이런 분들한테도 나는 무식해서 만촌 화성에 대해서 아무 생각도 없다고 하고 대화를 이어가지 않는다.

(4) "안녕하세요? 수고 많으십니다. 블로그 보고 전화드렸습니다. 시간이 되신다면 뭐 좀 여쭤 봐도 되겠습니까?"

뭐 이리 이쁘게 말씀하시는 분들에게는 나는 성의껏 답해드린데이.

사실은 1, 2, 3번 전화를 끊고 나면, 그럴지언정 내가 너무 불친

229

절했다는 생각에 또 하루 종일 마음이 찝찝하고…. 서로서로 정신적으로 손해잖아~

전화 받을 때 어떨 때는 자전거 타고 출근퇴근길일 때도 많다. 벨이 울리면 잔차를 세워놓고 마스크를 벗고 전화기를 꺼내고 복잡한 과정을 거쳐서 받는다.

고객은 무조건 왕이 아니다. 왕이 될 자격을 갖춰야 한다. 그리고 상황에 따라 누가 고객인지를 구분할 줄 알아야 한다.

겸손하고 자세를 낮춘다고 고객이 아닌 건 절대 아니다. 뻣뻣하고 퉁명스러워야 비로소 고객인 것도 절대 아니다.

〈2013. 11. 28〉

새 아파트 젊은 이웃!
어른이 인사해야 겨우 받아주는

봐도 본체만체다. 엘리베이터를 같이 타면서 말이다. 금방 이사 간 따끈따끈한 새 아파트니 당연히 첨 보는 젊은이다. 보아하니 뽈떼기는 오동통해가지고 심술 꽤나 붙었다. 주머니에 손은 깊숙이 찔러 넣었다. 모자는 호리삐딱하게 썼다.

벨이 꼴리지만도 내가 먼저 인사를 건넨다. 나이로 따지면야 지 애비뻘 되는데 말이지.

"안녕하세요?"
"아 예, 에."

겨우 답을 어정쩡하게 한다. 우리 라인에 사는 젊은 세대주인가 본데?

그카는 니는 젊은 때 어땠냐구? 하하, 나도 그랬지요. 더했으면 더했지 덜했지는 않았을 끼구만은. 그 땐 눈에 뵈는 게 없던 시절이었당께~ 만용이지 만용! 지금에서 돌이켜 보면…. 교만 투성이었고.

그럼 피장파장이잖여? 그 젊은이 욕할 거 없잖수! 하하, 할 말 없심더! 나도 반성한다구!

〈2014. 3. 6〉

친절도와 매도매수우위는 반비례한다

　매수자는 천지베까리고 매도 물건은 없다고 치자. 이럴 땐 매도우위시장이라고 한다. 이럴 땐 매수자 전화 목소리는 억수로 친절하다. 이럴 땐 매도자 전화 목소리는 억수로 힘이 들어가 있지.

　매수우위시장에서는 위와 반대로 보면 된다. 즉, 매도자 전화 목소리는 억수로 친절하고. 매수자 전화 목소리는 목에 힘이 잔뜩 들어가 있지.

　나를 포함하여 인간은 참말로 간사하데?

　지금 대구. 뜨거운 여름이 지나고 가을, 겨울이 오듯이 부동산 사무실에 걸려 오는 전화 목소리들은 후자 쪽에 가깝다.

〈2016. 1. 10〉

친한 공인중개사와 관계를 지속적으로 하라!

옛말에 '한 우물을 파라.'라는 말이 있데이. 친한 공인중개사가 있다면 그와 지속적으로 관계를 유지하라. 이 사람하고 관계 맺었다가 다음엔 또 저 사람하고 관계를 가지며 수시로 옮겨 다니지 마라.

어떨 땐 쪼매 상담판단이 떨어지더라도 진정성이 있고 진솔하면 그만이다. 그런 분과 지속적으로 관계를 유지하라.

살아가는 데 엄첨 도움될 끼구만은. 우리나라 사람들 아는 안면 억수로 무섭다카이.

콩나물 한 봉다리 사는 데도 단골집 찾잖수. 하물며 몇 억짜리 집을 사고 땅을 사는데 믿고 맡길 데가 있으면 얼마나 좋아요?

나는 개인적으로 나하고 거래하다가 자기 편의대로 이리저리 거래를 수시로 옮기는 이는 다음부터 돈 싸들고 와도 안 본다.

너무하다구요? 하하! 우린 촌넘이라서 의리라 카마 꺼뻑 죽는다구!

〈2014. 6. 16〉

부동산 사무실을 만나지 말고 중개사를 만나자

사람들은 아직도 자기가 필요할 때만 즉흥적으로 부동산 사무실을 무작위로 찾는다. 그랬다가 일이 해결되고 나면 또 그 부동산 사무실과 헤어져뿌고, 나중에 또 일이 생기면 다른 부동산을 무작위로 찾는다.

그 이유는 일이 있을 때마다 부동산 사무실을 찾은 거지 중개사를 찾은 게 아니기 때문이다. 즉, 인간은 인간을 만나야 관계가 지속되고 신뢰가 형성되는데 그런 사람은 인간인 중개사를 만난게 아니고 부동산 사무실을 만났거든.

아직도 일이 있을 때만 즉흥적으로 대로변 삔드리한 부동산 사무실만 기웃거리는가? 아니면 지속적으로 신뢰를 쌓은 인간인 중개사를 찾고 상의하는가?

인간은 인간을 만나야 된다. 그 중개사가 뒷골목에 있든 대로변에 있든 그건 문제가 안 된다. 인간은 두 발이 달렸으므로 어디든지 걸어갈 수 있기 때문이다.

그라마 거꾸로 중개사는 아무나 상대해야 되나? 다른 사람들은 잘 모르겠으니 나는 나도 고객을 선택한다. 고객님을 골라서 대하면 되냐구? 그건 내맘이다. 나는 민원봉사실 공무원이 아니기 때문이다. 나도 고객을 선택할 권리가 있다 이거야!

내 블로그를 보고 자연을 사랑하고 감성 있고 가슴으로 딜이 대는 사람이 나는 좋다. 블로그를 통해서 오신 분들은 대부분 그렇다. 그런 분들에게는 난 지나칠 정도로 말이 많고 간도 빼준다.

반대로, 이리저리 사무실마다 기웃거리며 인간이 아닌 투자물건을 찾아 댕기는 감정이라고는 삐가리 오줌만치도 없는 메마른 사람에게는 나도 모르게 퉁명스러워진다. 속으로 벨이 꼴리는데 겉으로 억지 웃음을 띄면서 헤헤호호 하기 싫다. 그라면 그 사람한테 오히려 실례되잖수! 그런 분들은 또 그런 분들을 좋아하는 사무실에 가시면 된다.

투자를 하든 투기를 하든간에 다 좋다 이거야~ 냉수 한 잔을 같이 마셔도 정으로 살자! 그라다가 돈 몬 벌면 우야노?
그거도 내 팔자니 우짜겠노? 〈2017. 3. 12〉

235

공인중개사도 퇴근한다

뜬금없이 무슨 말이냐구요? 저도 퇴근한다 카는 말이지 무슨 말이긴요. 한번 출근했다 카면 퇴근이라 카는 건 절대 안하는기 아이고 말입죠.

아침에 출근해 보면 제 사무실 전화기에 수신 전화번호가 남아 있는데 간혹 보면 저녁 9시 반, 또는 10시 넘어서도 번호가 찍힌 게 있어요. 이분들은 아마도 제가 한번 출근했다 카면 절대로 퇴근 안 하는 줄로 아시는 모냥입니다, 그랴.

글카고 퇴근하여 집에 가 있으면 9시 넘어서도 핸드폰으로 전화가 종종 오는 경우가 있어요. 물론 억수로 특별한 날은 저녁 늦어도 전화 받을 테지만, 너무 늦으면 전화 안 받습니다. 밤중에 전화하면 정신도 흐릿하고 몸도 찌뿌둥하기 땀시로 상담도 잘 안 된다구요.

간혹 밤중에 전화 받을 때도 있는데, 당연히 자다 일어난 저의 목소리도 찌부동하겠지요. 그카마, 어떤 아지메는 짜증까지 내시데예. 내가 낭랑한 목소리로다가 친절하게 전화 안 받는다꼬 말이죠. 하하. 그런 아지메는 호칭도 '사장님'이라든지 '소장님'이라든지 않고 꼭 '아저씨'라 캅니다. 글카고 내용도 별거 없어서예. 가마이 이바구 들어보면 급한 일도 아니고예. 그냥 단순한 궁금증 뭐 이런 거….

어떤 분은 밤중에 인터넷하시다가 12시에도 전화하시는 분이 계시던데, 밤중에 혼자서 인터넷 검색하시는 건 좋다만은 전화는 하시지 마시소예. 제가 무슨 도우미도 아이고요. 하하~ 깜짝 놀라가꼬 자다가 전화소리에 깨면 간이 뚝 떨어져뻔다고요.

아침 9시 반경에 출근하면 저녁 6시 땡하면 자전거 타고 퇴근해뻡니다. 저도 개인시간도 필요하고 잠도 자야 된당께유~

결론적으로다가 나도 퇴근한다 카는 말씀입니다. 〈2012. 3. 30〉

공인중개사인 내가 내 껄 다른 공인중개사에 의뢰해서 팔 때 복비를 줄까요? 말까요?

요즘 대부분의 중개가 서로 공동으로 매도매수 하는 공동중개이다. 즉, 나에게 어느 분이 어떤 집을 사달라 카면 난 내가 의뢰받아 보유하고 있는 집 외에도 다른 부동산중개소가 의뢰받아 보유중인 집을 수배하여 고객에게 가장 적합한 집을 구해주는 것이 공동중개이다.

이런 경우에 나는 매수자에게 복비를 받고 다른 부동산은 매도자에게서 복비를 받는다. 따라서 복비는 혼자서 매수매도를 다 하는 경우의 절반이제.

자, 그카마 내가 의뢰받은 물건 아닌, 내 명의로 된 내 소유물건을 다른 부동산에 의뢰해서 판다면? 이것도 공동중개일까요? 논리상으로는 공동중개이기 땜시로, 난 복비를 안 줘도 되겠지요? 왜냐, 내가 나한테 매도자복비를 받을 수는 없기 때문에요.

그러나 대부분의 경우엔 공인중개사 자기 소유일지언정 복비를 줍니다. 나도 복비를 단디 챙겨 줬습니다. 첨부터 의뢰할 때 복비를 남들같이 똑같이 주겠다고 말합니다.

여기서 우리 일반인들이 느껴야 될 것이 있습니다. 부동산사무실을 운영하는 공인중개사가 왜? 자기 소유를 팔 때나 살 때 다른 사람들보다 복비를 더 확실히 챙겨주느냐 말입니다. 복비를 제대로 챙겨줘야 거래가 더 잘 될 것이기 때문이지요.

복비 깎자꼬 쪼잔하게 달려드는 사람 물건을 누가 단디 챙겨 팔아줄까요? 특히나 4, 50대 아지메들께서 쪼께 새겨들으셔야 될 끼구만은…. ⟨2011. 12. 20⟩

신뢰 충만한 양반 고객님은 꼭! 챙겨 드리고 싶어요~

작년 11월 5일, 40대 여성고객님께서 블로그를 이리저리 보시고 저에게 신뢰감을 갖고 방문하셨습니다. 억수로 인상이 좋아서리 절대로 남한테 해꼬지 같은 건 하실 줄 모르는 순수하신 양반으로 보였습니다! 따라서 꺼꿀로 제가 이분에 대해 깊은 신뢰를 하게 되었습니다!

이시아폴리스 2차, 전망 좋은 30평대 분양권을 사서, 거기 살고 싶다고 하시더군요. 그러나 이시아더샵은 1년간 전매금지잖아요. 거의 8개월 이상을 기다려서 2012. 6월 중순이 되어야지 전매가능하지요.

보통의 이런 경우엔 메모해놨다가 세월이 지나면서 고마 잊아뿔 수도 있고, 또 고객님이 그때까정 몬 기다려서리 다른 아파트를 장만하는 경우도 있고, 또또 어떤 고객님은 세월이 지나며 본인 스스로도 나한테 부탁했었던지 잊어버리는 경우도 있지요. 또또또 어떤 고객님은 꼭 필요하지도 않으면서 그냥 벌로 상담하시는 경우도 제 느낌엔 있답니다.

그런데 이분은 그렇지 않아 보입다. 이런 분에 대해서는 어떤 의무감이 꽉꽉 들어뺍니다. 아마도 이런 경우에 이런 의무감이 드는 건, 어떤 영업파트에서 어떤 영업맨들도 마찬가지일 것입니다. 만약에 이런 고객을 오히려 무시해삐고, 애먹이는 고객을 먼저 챙기는 분은 영업맨으로서의 기본이 안 된 거죠.

그래서 어째 됐냐굽쇼? 이분이 다녀가신 이후로다가 메모를 해서 제 컴에다가 딱 붙여놓고 생각날 때마다 챙겨보곤 했었고, 드디어 원하는 물건이 나와서리 전화를 드리니 두말세말 않으시고 하시려고 하십디다. 8개월 동안이나 기억해준 데 대해 놀라시면서리 고마워하시더군요. 참말로 이심전심 아니겠습니까?

다른 분들은 몰라도 나는 절대로 이런 고객님이 제일 무섭지유~ 이런 고객님이 제일 챙겨드리고 싶은 분들입지유~ 이런 고객님한테는 복비도 쪼매라도 깎아드리고 싶지유~

뺀질뺀질 아는 체하고 큰소리치는 고객님들은 삐가리 오줌만큼도 안 무섭구만은.　　　　　　　　　　〈2012. 6. 21〉

약속해놓고 연락 뚝~하는 고객님은 미워요!

"내일 오전 중에 전화드리겠습니다."
"주말 토요일 오후에 사무실에 가겠습니다!"

이런 전화, 여러 가지 정황으로 보아 꼭 오실 분이고 실수요자분임이 틀림없어 보이는 분이기에, 나는 만사 제껴놓고 다음날 오전에 꼬박 전화통 앞에서 기다립니다. 또는 토요일 오후에 퇴근도 못 하고 꼬박 사무실에서 기다립니다!

고객님은 하찮은 약속이라 생각했는지 모리겠지만도 그래서 공인중개사하고 약속한 건 시답잖게 어겨삐도 괜찮다고 보는지 몰라도(하기사 요즘 공인중개사자격증은 동네 개도 물고 댕긴다더만은) 상대방인 나는 쎄가만발이 빠지게시리 기다린다는 사실. 그리고 중요한 다른 약속도 제껴두고 약속시간에 기다린다는 사실을 아시는가?

그카마 쪼매 기둘려보고 안 오시면 전화해보지 왜여? 그런 신용 없는 분한테 전화해봤자 실망만 할까? 내 마음만 상할까?라는 등등의 이유로 난 절대 전화 안 합니더! 나도 마음 여린 남자랑께유~

〈2011. 11. 16〉

밤눈 어둡다 약은 고양이

　너무 약으면 정작 눈앞에 뻔히 보이는 것은 몬 보고 놓친다라는 이바구다.

　중구쪽 모 아파트 소형 로얄 분양권을 시세보다 애법 많이 싸게 사 드린 매수고객이 있었다. 그 당시 여차저차 사정이 있어서 급히 팔아야 할 나의 친한 매도고객이 있었기 때문이다. 너무 아깝았지만도 매수자가 투자자가 아닌 젊고 착하고 성실한 부부라서 매도나 나는 만족했었어. 이참에 착한 젊은이 내 집 마련해 드린 것도 또한 크다 카면 큰 보람이거든. 돈으로 따질 수 없는….

　근디 아뿔싸~ 최근에 어찌어찌한 경로로 우연히 보니 바로 내가 사 준 이 호수가 세월 따라 주인이 바뀌었더구만. 그카마 죽어도 기들어가 살겠다던 내 집 마련 착한 부부께서 이미 버얼써 팔아묵어뿟다는 이바구지러. 깜놀 실망! 순진무구하게 보이던 그분들이 값이 자꾸 오르니 돈 맛을 알아삔거지. 이기 웬 떡이냐? 이랬던 거 아니겠수? 아마도 1에 사준 게 3 정도까지 오르니 팔아치워삣는 거 같은데… 그라마 2를 벌었겠지? 1년치 초임연봉이야! 그것도 나한테 상의 전화 한 통도 않고 아마 타부동산을 통해서 팔았겠제. 당연 입주할 거라 믿은 나만 바본감?

근디 이 호수가 그동안 세월이 흘러 시방은 7이 되었당께! 고로 이 젊은이가 그냥 순진 우직한 그 모습 그대로 내 집 마련으로 입주예정이었다면? 6을 벌었잖수. 또 앞으로 입주하면 이기 8이 될런지 9가 될런지 누가 알어?

사람들은 뭘 살 때는 참말로 아까워하고 요모조모 잰다. 왜? 내 호주머니에서 돈이 기나가거든. 근데 뭘 팔아치울 때는 억수로 단순하게 결정하더라. 왜? 내 호주머니에 돈이 기들어오잖수. 때론 순진 우직한 사람에게 눈먼 돈이 붙는 법인데, 돈이란 놈이 순진우직하게 그냥 가마이 안 놔둔단 말이지.

위에 내가 한 사람의 예만 들었지만도 사실은 저런 분이 나한테도 한두 분이 아니거든. 살 때 나한테 산 분들이 팔 때는 전화 한통 없이 어디다가 팔아묵었는지도 모르게 후딱 팔아치워묵어요! 내 볼일 다 봤으니 인자 내 물건 내 맘대로 팔아묵어뿌는데 무슨 불만이냐구? 하하. 그마마 나도 할 말은 없제. 자기 꺼 자기가 팔아묵어뿌는데 낸들 우야노?

근데 말이다. 여태껏 대구시장은 상승기였기 때문에 대부분이 저 위의 예와 같은 경우란 말이야.

다들 너무 똑똑하더란 말인데, 약은 고양이 밤눈 어둡다는 격이지.

〈2014. 2. 13〉

전화 고객이 불러주는 나의 명칭은 가지각색〜

"따르르릉~~~"
"감사합니다. 범어역 공인중개사 사무소입니다!"
"아저씨! 어쩌고저쩌고….."
"사장님! 이러쿵저러쿵…."
"중개사님!….."
"범어역 아저씨!….."
"소장님!….."
"선생님!….."
"어르신!….."

사무실에 걸려오는 상담전화. 고객님이 저를 부르는 명칭은 위와 같이 가지각색이다. 이중에 가장 적합한 말은 "소장님!"이다. 왜냐하면 공인중개사 사무소 소장이기 때문이다. 명함에도 소장 *** 이렇게 되 있구만은.

뭐 중개사님이란 호칭도 그런대로 개안타. 근디 "어르신!" 에이, 이기 머꼬? "선생님!" 이러고 부르는 분은 대부분 쪼매 급하신 분들이 많다. 예를 들면 집을 쪼매 급히 처분해야되는 분들. 급한 김에 그냥 선생님이라 캐뿐다.

아, 그중에 진심으로 선생님이라 부르는 분들도 분명히 있다 카는 사실. 흠~ 〈2012. 1. 20〉

247

한심한 고위공직자 위장전입
국민들보다 못한

대법관청문회를 하니깐 또 위장전입문제가 나온다. 하기사 위장전입가지고 청문회서 낙마한 사람은 없었지만 말이다. 인자 위장전입이란 안하는 넘이 오히려 이상할 정도로 무감각해진다.

이런 무감각해진 국민정서는 바로 이 고위공직자가 맹글어놨능 기라. 이전에는 법무장관 검찰총장 후보자까정 위장전입문제가 있었지 아마. 판사, 검사 뭐 이런 양반들이 위장전입을 밥 묵듯 하니 누가 본보기가 되노?

별 거 아닌? 그깟 놈의? 위장전입 가지고 아침부터 말라꼬 흥분하냐꼬? 지가 엊그제 말입니다. 그리고 그전에도 여러 번 말입니다. 수성3가 화성파크드림 분양 소개하러 갔을 적에 말입니다.

대부분이 의사선상님인데 말입니다. 1단지하고 2단지하고 중에서, 1단지가 로얄층이 많이 남았는데도 굳이 2단지로 가시는데 말이지요. 그 이유가 뭔지 아십니까? 바로 초등핵교 학군 때문입니다. 1단지는 쪼매 먼 동도초등가고 2단지는 길 하나만 건너는 동일초딩에 가거덩요.

1단지 높은 층에 들어가고 그 대신에 동일 초딩권

어느 단독주택에다가 위장전입하면 된다구요? 천만에 말씀, 만만의 콩떡입니다. 요새 젊은 부부들 위장전입 같은 거 거의 안 합니다.

   요새 우리나라 말입니다. 국민들 의식은 이렇게 옛날보다 많이 올라가 있는데 말입니다. 윗대가리들이 아직도 이리 추접스럽게 군다는 말씀이지요! 윗물이 오히려 저 멀리 앞서 나가는 현명한 궁민들을 몬 따라 잡고 있다구요~~~

   아. 덥네~ 〈2012. 7. 12〉

때론 고객이기보다는 소탈한 친구가 되어주는 것이 더 좋다

작년 6월 범어숲화성파크드림 오피스텔 분양 때, 일임받아 매수해드림으로써 인연을 맺은 박사님이 계십니다. 퇴직하시고 영천 보현산 아래에서 농장을 하시고 계시죠.

오늘 점심나절에 도사처럼 바람처럼 다녀가셨습니다. 자연 닮으신 넉넉한 웃음을 남기시고 말입니다. 자연같이 겸손하심으로써, 가치를 높일 줄 아시는 교수님이십니다.

나는 자연을 사랑하시는 분을 좋아합니다. 자연을 사랑하는 사람은 겸손합니다. 자연을 사랑하면 사람 내음이 나지요. 저는 본능적으로 그 자연 내음을 맡을 수 있습니다.

한가득 자연을 싣고 가장 먼저 나를 찾아주심에 감사할 따름입니다. 고객이 아닌 편안한 친구로서 대해주심에 감사할 따름입니다.

메말라가는 시대에 너무 업무적으로만 놀지 말고, 남녀노소를 떠나 고객 아닌 친구로서 점심 한 끼, 아니면 막걸리 한 사바리라도 할 줄 아는 멋진 분들이 많아졌으면 좋겠습니다. 교수님 들고 오신 커피에 자연 내음이 납니다.

〈2012. 2. 21〉

오피스텔과
아파트의 차이

(1) 실거주냐? 임대냐? 소유 목적의 태생적 차별성

현장에서 접해 본 대구사람들이 제일 혼동하는 문제가 바로 이 문젠데요. 근디 이 문제만 확실히 머릿속에 주 넣어뿌마 우리 공부의 절반은 해결되뿐다는 거 아이겠어예? 소유 목적이 임대(오피스텔)냐? 아님 실거주(아파트)냐? 이 문제 말이시더!

제가 만약 지금 아파트를 분양받는다 카마 말라꼬 분양받을까예? 내가 시방 사는 집에서 그리로 이사갈라꼬 그럴 낍니다. 실거주목적. 제가 만약 지금 오피스텔을 분양받는다 카마 말라꼬 분양받을까예? 내가 다른 사람한테 임대 놓아서리 월세 받아 묵을라꼬 그럴 낍니다. 임대수익목적.

자, 임대 놓아서 노후생활에 쓰든, 아니면 생활비로 보태든 그건 상관 맙시다. 일단은 오피스텔 소유목적이 임대수익목적(수익형부동산)이라 카는 것만 분명하게 머릿속에 주 넣어뻽시다!

혹여 어느 분은 오피스텔을 아들 장가가서 살구로(실거주목적) 분양받는 분도 있겠지만도, 이런 건 많지 않은께 접어두삐고.

또 어느 분은 아파트를 분양받아가꼬 임대사업할라 카는 분도 있겠지만도 이런 건 대세가 아닌께로 마찬가지로 접어둬뻡시더!

첫 시간에 넘 많이 공부해뿌마 머리가 짜구난당께 태어날 때 오피스텔은 '임'씨氏로 세상에 기나왔고, 아파트는 '실'씨氏로 세상에 기나왔다 카마 쪼매 웃기남요? 암튼, 요 태생적인 차이점만 머리에 주 넣어삐고 쪼매 쉬다가 다시 하입시더! 〈2012. 4. 8〉

(2) 내가 좋아야? 임차인이 좋아야?

전편에서 두개의 태생적 차이로 받게 된 성氏가 임氏, 실氏라고 했심더. 요 성씨만 단디 머릿속에 주 넣이삐면 답이 한방에 팍 해결되뻡니다. 오피스텔은 누가 좋아야 된다고? 바로 임氏가 답인 기라예. 임차인이 좋아야된다 카는 말입지요.

아파트는 임대 안 놓고 내가 직접 살 집이기 땜시로, 나와 우리 식구들이 좋아야 합니더! 핵교 직장 가기 쉬워야 되고, 도보 거리에 병원도 구비된 데면 더욱 좋아예! 나야 뭐 워낙이 자연을 좋아한 께로 지하철이 있다면 멀더래도 자연환경 뛰어난 외곽을 좋아합니더! 요래조래 식구들 맞는 곳에 짓는 아파트 분양받으마 되지예.

근디 오피스텔은? 내(실氏) 기준으로 판단하면 되나요? 아닙니다. 임氏이니깐 임씨 기준으로 판단해야 된다 카이. 성씨가 다르잖유~ 대구사람들 바로 이기 문젭니다. 죄다 자기기준으로 보시더란 말입지유~

나는 자연을 좋아하지만도 임氏은 백화점으로 좋아한다 카마 임씨한테 맞추어야 되고. 나는 잔차 타지만도 임氏은 자가용을 좋아한다 카마 승용차가 편히 댕기도록 도로망 구비된 곳에 맞추어야 하고. 나는 시내로 출근하지만도 임氏는 구미로 출근한다 카마 대구역 같은 철도역 인근이라야 되고. 혹시나 서울에서 기내려와서리 서울로 자주 기올라가야 한다 카마 KTX 인근이어야 하고.

오피스텔은 임氏이 주인인께로 임씨 기준으로 입지 고려하여 분양받아야 하는 거 아닐까요? 내 돈 주고 내가 분양받는데 쪼매 밸 꼴리더래도, 월세 받아 묵을라 카마 할 수 없이 임氏 편이 돼야 하는 거 아이겠어예? 〈2012. 4. 8〉

(3) 임氏은 어떤 사람일까?

임氏이 뉘신지 모리는 사람은 1편부터 읽으셔야 할 끼구만은요. 공부는 항시 기본에 충실해야 된다 카이. 1페이지부터 단디 정독해야 되지유. 공부 단디 하지 않으면 임氏한테 진다 카이. 그거 말 되넹~ 그카마 임 씨를 집중 조명해볼까요? 근디 이것도 민간인 사찰로 걸려 파출소 가는 거 아이지유? 하하.

자자 ,이웃님들! 저하고 다 함께 추리해보입시더! 아파트보단 상대적으로 쪼맨한 주거용원룸식 오피스텔에 살고, 40~80 정도의 월세를 다달이 내야 되므로 요기에 착안하여 추측을….

1. 임 씨는 아마도 쪼매 젊은 사람 아닐까요?
2. 임 씨는 아마도 쪼매 돈은 버는 사람 아닐까요?
3. 임 씨는 아마도 아침에 기나가서 저녁에 기들어오는 월급쟁

이가 아닐까요?

4. 임 씨는 아마도 총각이나 처녀나 혹은 독신자나 기러기아빠나 신혼부부가 아닐까요?
5. 임 씨는 아마도 승용차를 가지고 있지 않을까요?
6. 임 씨는 아마도 지하철 역세권을 좋아하지 않을까요?
7. 임 씨는 아마도 외곽보다는 도심을 좋아하지 않을까요?
8. 임 씨는 아마도 월세 비싼 너른 오피스텔보단 월세 싼 쪼맨한 오피스텔을 선호하지 않을까요?

〈2012. 4. 8〉

(4) 임氏은 남향과 고층만을 고집할까?

이 물음에도 오피스텔이 임 씨냐 실 씨냐를 안다면 단번에 답이 나옵니다. 결론적으로 임 씨는 향과 층보다는 임대료(월세)가 얼마냐에 더 관심이 많다는 것입니다.

내가 만약 내 아파트를 마련하여 이사 갈 계획이라 카면? 당연히 나는 햇살 잘 들어오는 남향집에다가 기왕지사 로얄층(높은 층)을 선호합니다. 그래야 삶의 가치도 높고 집의 가치도 올라가서리 팔 때 값도 오르고 잘 팔리기 때문입니다.

내가 만약 저쭈 저 부산에서 홀로 대구에 기올라와서리 사는 기러기 아빠 임 씨라 카마? 나도 오피스텔을 임차하여 살 수도 있을 것입니다. 대구 오피스텔을 구하러 댕긴다 카마? 나는 곧 죽는다 캐도 남향에다가 고층만을 쎄리 고집할까요? 아니면 쪼매 월세가 싸다면? 저층 비남향이라도 집만 깨끄받으면 기들어 갈까요? 나의 답은 후자입니다. 남향보다 단돈 5만 원이래도 싼 저층에 기들어 갈 것입니다.

왜냐하면 주말에는 부산에 기내려가고 평일 낮엔 집구석에 있지 않을 것이기 때문입니다. 글카고 단돈 5만 원이래도 아껴서리 잔차 부속도 자주 갈아야 된당께유. 또 임차기간이 1년이 될지 2년이 될지 단기간이잖아유. 천년만년 살 거도 아니구유. 물론 남향, 고층도 그 나름으로는 꼭 찾는 수요층이 틀림없이 있겠다는 예상을 할 수 있겠지만요. 동일한 월세로 남향동향이 경쟁한다

카먼야 당연 남향이겠지만은….

이것이 임 씨의 성향이 아닐까? 조심스레 진단해봅니다만은.

(참고) 제가 지난해 각산태영데시앙 2년 회사 전세 36평형 놓을 때 1, 2층 등 저층은 9천만 원, 고층은 9천 5백만 원이었는데, 저층이 제일 먼저 나갔다는 사실은 무엇을 말해줄까요? 비록 월세 아닌 전세지만 이것이 내 집과 임차인의 차이가 아닐까요? 〈2012. 4. 8〉

(5) 이웃일까? 경쟁자일까?

아파트에 살면 옆집 앞집 전부 내 소중한 이웃이 된다. 같은 아파트에 산다 카는 동질감에 카페도 맹글고 사이좋게 지낼라 카제. 일부 임대 준 세대 아니고는 대부분이 실소유자이기 때문이다.

오피스텔엔 대부분 임차해서 들어온 임氏들이 살게 된다. 주인 입장에서 본다 카면 임氏들을 내 집에 들여놓기 위하야 옆집앞집 캉 경쟁을 해야 한다. 300세대의 오피스텔이라 카면 나의 경쟁자가 300명인셈이다. 300대 1인 기라. 우아~

모르는 사람이래도 같은 아파트 서로 옆집에 분양받으마 반갑아가꼬 "아이고 반갑심더! 우리 우야든동 사이좋게 지내보입시더!" 이칼 낀데. 모르는 사람이래도 같은 오피스텔 서로 옆집을 분양받으마 그도 반갑아가꼬 "아이고 반갑심더! 우리 우짜든동 사이좋게 월세 싸게 놓아보입시더!"이칼까요? 히히.

물론 임 씨들이 떼거지로 몰려온다 카마 그런 걱정일랑 붙들어 메야제요. 과연 현실적으로는 임씨들이 언제나 대기하고 있을까요? 공실은 열 개인디, 임씨는 한 명이면 이웃하고 치고 박고 싸워야 된다 카이.

뭘로 치고 박고 싸울까요? 바로 월세 아니겠어유? 내가 이길라 카마 이웃 모리게 살찍이 깎아줘야지용~

아참, 임 씨들은 많고 공실은 없을 때도 있지도 않을까유? 글카마 다부로 월세 올리삐야제요?
그그 참 골치 아푸넹~ 〈2012. 4. 8〉

(6) 세대수가 많아야? 적어야?

아파트는 세대수가 많아야 좋단 것이 경험적인 정설이다. 그래야 각종 편의시설도 들어오고 관리비도 싸지제. 세대수 많은 단지가 집값도 더 나간다 말이죠.

그카마 오피스텔도 실室이 많아야 좋을까요?(아파트는 세대, 오피스텔은 실이라 함) 바로 전편에서 이웃이 아니라 경쟁자라 캤는데 말이죠. 그카마 실室이 많으면 경쟁자가 많아지는 것 아닌가유?

이건 우찌 해석해야 할까유? 누구 쪼매 도와주이소예. 아마도 그 지역의 임씨들의 예상숫자보다 오피스텔 室이 더 많으면 안 되겠지유. 따라서 적정한 오피스텔 실室의 숫자가 그 지역에 존재해야겠지유.

1,000세대의 오피스텔을 지으면 각종 편의시설도 갖추어지겠죠. 그 반면에 세대수가 많기 땜시로 임씨들이 많지 않으면 공실이 많이 발생하기도 하지 않겠어요? 그래서 오피스텔은 무조건 대고 실室이 많으면 많을수록 좋다는 건 아니라고 보아야 하지 않을까유?

그카마 적정선을 어찌 예상하느냐구유? 하하, 그기 바로 투자자들의 몫이 아니겠습니까? 입지와 임씨들의 숫자 예상 등등을 아주 꼼꼼히 살펴봐야겠지유.

아, 애럽당~ 〈2012. 4. 8〉

(7) 실사용면적, 발코니 있나? 없나?

요즘 짓는 아파트 모델하우스 가보마 억수로 넓다 카는 걸 느끼시지예? 25평짜리가 옛날 30평형대보다 더 넓어 보인다고요.

그 이유는 바로 발코니에 있습니다.

발코니는 전용면적 등 어디에도 포함되지 않는 서비스면적입니다. 요즘 분양하는 34평짜리 분양 타입에 따라 발코니면적 약 7평에서 13평까지나 됩니다. 이걸 요즘은 다 확장해뿌니깐 넓어지는 것입니다. 확장된 발코니가 바로 실사용면적이 되삤습니다.

아파트는 발코니가 있고 (주택법 적용) 오피스텔은 발코니가 없습니다(업무시설에 해당). 따라서 오피스텔은 전용면적이 바로 실사용면적이 되삤습니다. 그래서 비스무리한 (전용면적 기준) 평형대라 캐도 아파트캉 오피스텔캉 달라 보이는 것은 실사용면적이 다르기 때문입니다.

(이 책이 발행되는 시점인 최근에 정부에서 오피스텔에도 발코니 설치를 할 수 있도록 허용하는 논의가 있음을 참고하시기 바랍니다) 〈2012. 4. 8〉

(8) 오피스텔은 전용면적으로 판단해야

아파트도 물론 전용면적이 중요합니다. 하지만 앞서 말했듯이 발코니면적이 실사용면적이 되므로 발코니면적이 큰 것이 더 좋습니다. 그러나 오피스텔은 전용면적밖에 실사용면적이 없기 때문에 전용면적이 얼마냐로 판단해야 되지 않을까요?

대외적으로 25평, 34평 등 몇 평이다라고 말하는 아파트 평수는 공급면적을 말합니다. 그러나 모든 공문서나 거래신고서엔 전용면적으로 합니다. 그래서 인제 시민들도 전용면적에 익숙해져삐야 됩니다.

그러나 신규분양하는 오피스텔을 단디 딜다 보면, 어느 오피스텔은 아파트와 동일하게 공급면적(전용면적+공유면적)을 기준으로 홍보하고, 어느 오피스텔은 아파트캉 다르게 계약면적(전용면적+공유면적+주차장 등 면적)으로 홍보하니, 어느 장단에 춤춰야 될랑가 모리겠어예.

계약면적으로 평 단가를 나누는 거하고 공급면적으로 평 단가를 나누는 거하고 다르잖아유~ 그쵸? 즉, 주차장면적으로 포함시킨 거하고 안 포함시킨 거하고 다르다는 것이지유~ 아마도 아파트는 주택법에서 세세하게 정하는데 오피스텔은 주택법을 적용받지 않으니 그런가유??

전용률이 몇 프로인지? 어느 오피스텔은 전용면적 나누기 공급면적으로 계산, 어느 오피스텔은 전용면적 나누기 계약면적이 된다 카면?
아, 헷갈린다요~   〈2012. 4. 8〉

(9)주차대수가 많나? 적나?

아파트는 여러 동이 있고 땅이 넓으이까네 지하주차장도 넓고 지상에도 대부분 널찍하고 하여 주차문제가 별로 없다. 요즘은 세대당 1.5대 정도는 기본으로 되더구만유. 그래서 단독주택에 사는 이들은 주차문제 땀시로 골치 아파서리 아파트로 가는 이도 있을 정도지유.

근디 오피스텔 주차장문제는 어떨까요? 저는 건축법은 잘 모립니다만은 아마도 쪼매 완화되어 있다는 것을 느낍니다. 왜냐카마 분양하는 오피스텔의 주차대수캉 실室 수와 비교해보마 답이 나오능 기라요.

예를 들어서리 100실을 짓는디, 주차대수가 60대라 카마 두 집에 한 대 꼴로밖에 안 되잖아유, 대부분 오피스텔 도시형 생활주택 신규분양 주차대수가 1대1이 안 되더라구요. 아파트캉 같이 짓는 오피스텔은 자연스레 이런 주차문제가 해결되겠지예.

오피스텔 주차대수 문제? 이거는 임대놓는 데도 절대적으로 필요한 것 아닐까요?

어느 분은 이리 말하데요. 아 글씨, 주거용으로 쓰는 사람들은 아침엔 차 빼가꼬 기나가면 텅 비울끼고. 저녁엔 사무실로 쓰는 양반들이 차 빼가꼬 퇴근하여 기나가쁘면 또 텅 비울끼고.

하하~ 그냥 웃어보입시더!

(오피스텔캉 아파트캉 차이점을 지금까지 9편을 올렸습니다. 서두에도 말씀드렸듯이 오피스텔에 대해서는 저의 경험적 기반이 쪼매 취약하므로, 제 글이 틀릴 수도 있다라는 생각을 염두에 두시고 읽어주시기 바랍니다^^)

〈2012. 4. 9〉

출간후기 — 내 집 마련은 꿈이 아닌 현실입니다

도서출판 행복에너지 대표이사,
권 선 복

대한민국 사회에서 부동산은 가장 큰 화두라 할 수 있습니다. 그만큼 내 집 마련은 수많은 서민들의 '첫 번째 목표'이며 우리 삶에 있어 중요한 부분을 차지합니다. 특히 아파트 시장은 한국인의 삶의 패턴과 질을 좌우할 만큼 그 영향력이 커졌습니다. 하지만 늘어만 가는 가계부채, 침체된 내수시장 등 내 집 마련의 꿈은 점점 더 어려워져만 갑니다.

이 책의 원고를 처음 읽었을 때 '독자들이 진정으로 원하는 책은 바로 이런 것이겠구나.'라고 느꼈습니다. 따분한 이론이 아닌, 경험과 실전에 기초한 아파트 분양 그리고 부동산 이야기는 수많은 국민들이 가장 필요로 하는 정보를 알기 쉽게 전하고 있었습니다.

현재 대구에서 범어역공인중개사 사무소를 운영 중인 저자가 밤낮 없이 발로 뛰며 얻은 노하우를 아낌없이, 가감 없이 솔직하게 담아내는 과정에서 조금이라도 거짓된 정보가 섞일 것을 우려하여 사투리마저 그대로 원고에 두기로 했습니다.

지루하고 어려울 수 있는 정보들을 쉽고 재밌게 전달한다는 것이 이 책의 가장 큰 장점입니다. 아파트 분양에, 내 집 마련에 조금이라도 관심이 있는 독자라면 그 누구든 즐겁게 일독하실 수 있으리라 믿어 의심치 않습니다.

내 집 마련은 꿈이 아닌 현실입니다. 그리고 꿈을 현실로 바꾸기 위해서는 피땀 어린 노력과 열정이 필요합니다. 아는 만큼 보인다고 했습니다. 얼마나 많이 아파트에 대해, 부동산에 대해 알고 있느냐에 따라 내가 살 집이 좋은 집이 되는가가 결정됩니다. 이 한 권의 책이 내 집 마련, 나아가 좋은 집에서 살고자 하는 수많은 국민들의 꿈을 실현시키는 데 보탬이 되고 독자분들의 삶에 행복한 에너지를 팡팡팡 샘솟게 하기를 기원드립니다.

작은 천국 나의 아이들

정명수 지음 | 값 25,000원

이 책 『작은 천국 나의 아이들』은 30여 년간 아이 사랑의 한길만을 걸어온 지성유치원 정명수 원장의 행보를 통해 초등학교 취학 이전의 어린 아동들을 가르치는 교육자가 어떠한 소명 의식을 가지고 맡겨진 길을 걸어야 하는지 우리에게 이야기해 준다. 결코 쉽지 않은 아동 교육의 현장에서 굳건한 신앙이 가져다준 소명의식과 아이들에 대한 사랑의 마음을 통해 희생과 봉사, 책임감을 갖고 살아가는 한 교육자의 인생을 읽을 수 있다.

맛있는 호주 동남부 여행

이경서 지음 | 값 15,000원

책 『맛있는 호주 동남부 여행』은 『맛있는 삶의 레시피』의 저자 이경서가 전하는 새로운 맛있는 여행 이야기이다. 작은아들 내외가 살고 있는 시드니, 그리고 시드니를 거점으로 하여 대중교통을 이용하는 그의 여행은 일반적인 여행사의 여행으로는 경험할 수 없는 색다른 즐거움을 선사한다. 그저 구경만 하는 여행이 아니라, 마치 신대륙을 모험하듯 여행하는 그의 여행기는 도전적인 여행을 꿈꾸는 모든 이들에게 훌륭한 안내서가 될 것이다.

학교를 가꾸는 사람들

김기찬 지음 | 값 15,000원

책 『학교를 가꾸는 사람들』은 30여 년의 교사 생활, 그리고 12년간 서령고등학교의 교장을 역임한 저자의 교육 기록이다. 저자는 교사로부터 시작해 학생을 위한, 학생에 의한 학교를 만들고, 학생과 교사뿐만이 아닌 학부모와 졸업생, 지역 인사에 이르는 폭넓은 교육 협업으로 진정한 교육의 장을 일구어낸다. 그가 기록한 충남 서산에 위치한 전국 명문고, 서령고등학교의 역사는 대한민국 교육의 새로운 빛이 될 것이다.

오색 마음 소통

이성동 지음 | 값 15,000원

책 『오색 마음 소통』은 바로 그에 대한 해답을 알려준다. '소통은 말과 글로만 하는 것이 아니다. 마음으로 하는 것이다!'라는 책의 부제에서 알 수 있듯이, 우리가 그간 소통에 실패한 이유가 바로 '마음'이 아닌 말과 글로 소통을 하려 했기 때문이라고 말한다. 말과 글은 소통을 하는 수단으로써만 쓰여야 할 뿐, 주(主)가 되어야 하는 것은 바로 '마음'이라는 것이다. 이 책은 소통의 어려움에 부닥친 사람들을 위해 친절히 소통의 과정을 안내하고 있다.

함께 보면 좋은 책들

나의 행동이 곧 나의 운명이다

김현숙 지음 | 값 15,000원

책 『나의 행동이 곧 나의 운명이다』는 과거 여성의 권위가 제대로 인정받지 못하던 시절부터 수많은 역경을 극복한 ㈜경신 김현숙 회장의 이야기를 담고 있다. 망설이지 않고 행동으로 실천하며 도전정신을 잃지 않아 해낼 수 있었던 많은 일들을 소개하면서 '행동'의 중요성을 강조하고 있다. 하나의 기업을 경영해 온 경영자로서의 자세와 비전, 또 패러다임을 제시하며 다른 여성 CEO와 치열하게 살아가는 청년들에게 희망의 메시지를 전한다.

인생 2막까지 멋지게 사는 기술 재미

박인옥, 최미애 지음 | 값 15,000원

책 『인생 2막까지 멋지게 사는 기술 재미』는 잃어버린 웃음을 찾게 해 주는 유쾌한 책이다. 웃음과 유머를 통한 강의로 사람들에게 행복을 전하는 두 명의 저자가 만나 엮은 이 책은 평상시에도 잘 활용할 수 있는 여러 가지 유머 팁을 소개한다. 남들과 진정한 소통을 하고 마음의 문을 열기 위해서 '재미'와 '즐거움'이 꼭 필요하다고 강조하며, 바로 유머를 통해 그것이 가능하다고 보았다. 이 책은 우리의 삶에서 웃음이 가지는 의미를 다시 한번 더 되돌아보게 한다.

아, 민생이여

김인산 지음 | 값 15,000원

책 『아, 민생이여』는 도탄에 빠진 민생을 살리는 가장 원론적인 정책의 기본과 민생이 원하는 것이 어떤 것인지를 말한다. 정부가 바뀌고 새로운 정권이 들어서도 여전히 어렵다고만 말하는 민생, 그 민생이 더 위험해지기 전에 살릴 수 있는 길에 대해 저자는 누구나 생각해 봄 직한, 그러나 누구도 쉽게 다른 사람들에게 말할 수 없던 이야기를 풀어낸다. 그의 정책제언은 위기의 대한민국을 구제할 길잡이가 되어줄 것이다.

임진왜란과 거북선

민계식, 이원식, 이강복 지음 | 값 15,000원

책 『임진왜란과 거북선』은 조선 수군의 신형 전선 거북선을 집중 조명한다. 민계식 전 현대중공업 대표이사 회장과 이원식 원인고대선박연구소 소장, 이강복 알라딘기술(주) 대표이사가 머리를 맞대어 거북선의 실체를 밝히기 위해 역사적 자료들을 모아 현대적 연구를 통해 임진왜란 당시 활약했던 거북선의 실체를 정리해 본 것이다. 앞으로 원형에 가까운 거북선을 복원할 수 있는 이정표를 남기게 된 것에 큰 의의가 있다.

핸드폰 하나로 책과 글쓰기 도전

가재산, 장동익 지음 | 값 20,000원

『핸드폰 하나로 책과 글쓰기 도전』은 책 한 권을 펴내는 데 있어 소요되는 비용과 시간을 획기적으로 절약해 줄 수 있는 노하우를 소개하고 있는 책이다. 요즘을 살아가는 현대인이라면 누구나 가지고 있을 '핸드폰'이라는 친숙한 기기를 통해 다양한 무료 어플리케이션으로 한 권의 책을 만드는 과정을 세세히 설명하고 있다. 누구나 스마트폰을 가지고 있는 요즘, 핸드폰 하나로 책을 쓸 수 있다는 점을 강조하여 자신만의 글쓰기를 망설이는 이들에게 '자신감'을 먼저 불어넣고자 했다.

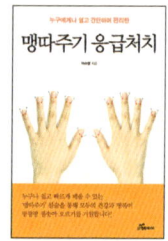

맹따주기 응급처치

이수맹 지음 | 값 15,000원

이 책 『맹따주기 응급처치』는 우리 신체에 일어날 수 있는 다양한 이상증상에 대한 응급처치인 '맹따주기'를 자세히 설명하며 누구나 맹따주기를 통해 몸의 증상을 쉽고 빠르게 치유할 수 있도록 돕는다. 어릴 적 급체했을 때 어머니께서 으레 해주시던 '손 따주기'와도 맥을 같이하는 '맹따주기'는 우리 민족 고유의 민간요법과 한의학적 이론을 융합하여 누구나 배우기 쉽고 사용하기 쉬운 응급처치법으로 유용하게 활용할 수 있을 것이다.

여성과 평화

박정진 지음 | 값 15,000원

이 책 『여성과 평화』는 가부장-권력-전쟁-국가로 대표되는 남성중심의 문명이 어머니-사랑-평화-가정으로 대표되는 여성중심의 문명으로 변화하는 것만이 인류 존속의 위기를 종식할 수 있다고 말한다. 저자는 이를 통해 대립, 갈등, 경쟁보다는 공존과 사랑, 평화가 함께하는 세계를 추구하며 이러한 평화세계의 완성을 위해서 현존하는 그 어떤 철학과 종교보다도 여성중심적인 통일사상, 두익(頭翼)사상의 연구와 전파가 절실히 필요하다는 점을 강조하고 있다.

왜, 바나나는 어깨동무를 하고 있을까요?

서명진 지음 | 값 15,000원

책 『왜, 바나나는 어깨동무를 하고 있을까요?』는 때로는 동시와 같은 순수함으로, 때로는 성숙하고 아련한 어른의 언어로 시를 그려낸다. 함께 실린 삽화는 자연스럽게 시와 어우러져 독자를 빠져들게 한다. 시인 서명진의 기억으로 초대받아 시를 읽음으로써 기억의 퍼즐 조각을 하나하나 맞추다 보면 시인의 바람대로 시 한 줄, 시 한 편이 마음의 서재에 꽂혀있게 될 것이다.

함께 보면 좋은 책들

나는 코미디언이다
서인석 지음 | 값 15,000원

'탄핵국면'에서 '장미대선'까지! 우리 사회에 큰 변혁이 일어났던 시기에 발표했던 풍자 칼럼을 모아 엮은 책 『나는 코미디언이다』는 30년 차 코미디언 서인석이 그동안 쌓은 유머의 내공을 아낌없이 풀어내 통쾌한 웃음을 선사한다. 권위주의 탈피 지향, 아래에서 위로 향하는 풍자의 향연, 언더독의 반란으로 보이는 그의 코미디는 사실 아래에서 더 아래를 바라보는 따뜻한 시선을 품고 있기에 오히려 여유로움과 따뜻함을 품고 있다.

아파트, 신뢰를 담다
유나연 지음 | 값 15,000원

이 책은 '신뢰 경영'을 통해 한 아파트를 17년째 책임지고 있는 아파트관리사무소장의 가슴 따뜻한 이야기를 진솔하게 풀어내고 있다. 저자는 '진정성', '역량', '공감', '존중', '원칙'이라는 여섯 개의 키워드를 바탕으로 500세대 아파트를 믿음과 신뢰로 이끌어온 과정을 생생하게 그려낸다. 이 과정에서 '아파트'라는 하나의 공동체 문화를 만드는 데 있어 '신뢰'라는 키워드가 가장 중요하게 작용하였다고 말한다. 또한 저자는 "사람이 답이다"라는 진리를 새기고 모두가 함께 노력해야 함을 강조한다.

나는 행복한 공학자
이동녕 지음 | 값 20,000원

『나는 행복한 공학자』는 평생을 한눈 한 번 팔지 않고 연구에만 매진하여 많은 학문적 성과를 얻어냄은 물론 걸음마 수준에 불과했던 한국의 재료공학 기술을 한 단계 끌어올리는 데에 일조한 서울대학교 재료공학과 이동녕 명예교수가 걸어온 인생 여정을 담고 있다. "촌놈은 촌놈 방식대로 살아간다."라는 그의 소박한 인생철학은 시련 속에서도 자신의 꿈을 잃지 않는 모든 사람들에게 희망을 불어넣어줄 것이다.

마음아, 이제 놓아줄게
이경희 지음 | 값 15,000원

책 『마음아, 이제 놓아줄게』는 갤러리 램번트가 주최한 '마음, 놓아주다' 전시 공모에서 당선된 스물일곱 예술가들의 치유 기록을 엮어낸 책이다. 여기에는 작품을 통해 상처를 예술로 승화시킨 이들의 진솔한 이야기가 담겨 있다. 화가 개개인의 작품 소개와 함께 작가의 생각, 또 저자 본인의 이야기를 덧붙여 상처를 치유하는 하나의 과정 속으로 독자를 천천히 안내한다. 그 길을 따라 걷다 보면 우리는 힘겹게 붙잡고 있던 마음을 놓아주며 상처를 치유할 수 있게 된다.

Happy Energy books

좋은 원고나 출판 기획이 있으신 분은 언제든지 행복에너지의 문을 두드려 주시기 바랍니다.
ksbdata@hanmail.net www.happybook.or.kr 단체구입문의 ☎ 010-3267-6277 **행복한 에너지**

하루 5분 나를 바꾸는 긍정훈련
행복에너지

'긍정훈련' 당신의 삶을
행복으로 인도할
최고의, 최후의 '멘토'

'행복에너지
권선복 대표이사'가 전하는
행복과 긍정의 에너지,
그 삶의 이야기!

인터파크
자기계발 분야 주간
베스트 1위

권선복 지음 | 15,000원

권선복

도서출판 행복에너지 대표
영상고등학교 운영위원장
대통령직속 지역발전위원회
문화복지 전문위원
새마을문고 서울시 강서구 회장
전) 팔팔컴퓨터 전산학원장
전) 강서구의회(도시건설위원장)
아주대학교 공공정책대학원 졸업
충남 논산 출생

책 『하루 5분, 나를 바꾸는 긍정훈련 - 행복에너지』는 '긍정훈련' 과정을 통해 삶을 업그레이드하고 행복을 찾아 나설 것을 독자에게 독려한다.
긍정훈련 과정은 [예행연습] [워밍업] [실전] [강화] [숨고르기] [마무리] 등 총 6단계로 나뉘어 각 단계별 사례를 바탕으로 독자 스스로가 느끼고 배운 것을 직접 실천할 수 있게 하는 데 그 목적을 두고 있다.
그동안 우리가 숱하게 '긍정하는 방법'에 대해 배워왔으면서도 정작 삶에 적용시키지 못했던 것은, 머리로만 이해하고 실천으로는 옮기지 않았기 때문이다. 이제 삶을 행복하고 아름답게 가꿀 긍정과의 여정, 그 시작을 책과 함께해 보자.

『하루 5분, 나를 바꾸는 긍정훈련 - 행복에너지』

"좋은 책을 만들어드립니다"

저자의 의도 최대한 반영!
전문 인력의 축적된 노하우를
통한 제작!
다양한 마케팅 및 광고 지원!

최초 기획부터 출간에 이르기까지, 보도자료 배포부터 판매 유통까지! 확실히 책임져 드리고 있습니다. 좋은 원고나 기획이 있으신 분, 블로그나 카페에 좋은 글이 있는 분들은 언제든지 도서출판 행복에너지의 문을 두드려 주십시오! 좋은 책을 만들어 드리겠습니다.

| 출간도서종류 |
시·수필·소설·자기계발
일반실용서·인문교양서·평전·칼럼
여행기·회고록·교본·경제·경영 출판

행복한 에너지
www.happybook.or.kr
☎ 010-3267-6277
e-mail. ksbdata@daum.net